斉藤謠子の
私のずっと好きなもの

洋服・布バッグ・小物

はじめに

　キルト作家としての活動をはじめてから、40年以上が経ちました。そのあいだ、洋服や布バッグなどキルト以外のものもいろいろ作ってきましたが、この本では、その中で私が実際に愛用しているものだけをぎゅっと詰め込みました。もう10年くらい使っているアイテムもあれば、ここ2～3年のお気に入りもありますが、共通しているのは、使いやすくてシンプルであることでしょうか。最近は編み物もときどきしているので、ごく簡単なニットの作品も少し紹介しています。

　手作りのものは身に着けて楽しむものも、家で楽しむものも、そばにあると心が落ち着きます。見るたびに作ったときのことを思い出したり、自分の足跡を確かめて自信になったりします。そんな風に、これらの作品がみなさんのおそばでも役に立てれば、とてもうれしいです。

斉藤謠子

Contents

		口絵　作り方	型紙
洋服	ラグラン袖のチュニック	04・68	A
	黒い半袖チュニック	05・67	A
	雪の刺繍のチュニック	06・70	A
	チェックのベスト	08・70	A
	草色のベスト	09・70	A
	ショートベスト	10・72	B
	後ろタックのチュニック	11・58	B
	アイスグレーのチュニック	12・60	B
	8分丈パンツ	13・74	D
布バッグ	ころん	14・49	D
	洋梨	16・52	D
	マルシェ	17・78	
	三角	18・76	D
	ワンマイル	20・57	C
	ワンデイ	21・55	
	ぺたんこ	22・66	
	ワンショルダー	24・88	C
小物	丸と十字のポーチ	26・82	C
	スターとバスケットのポーチ	28・64	C
	ボウタイのケース	29・81	C
	ハウス	31・79	C
	小鳥	32・61	C
	ふくろう	33・62	C
	ソーイングポーチ	34・86	C
	白い花のケース	36・84	C
ニット	ネック＆リストウォーマー	38・91-92	
	ポンチョ	40・90	
	ショール	42・94	

How to Make	45
洋服と布バッグ／知っておきたいこと	46-47
キルト／必要な用具	48
編み方基礎図	95

ラグラン袖のチュニック

腕が動かしやすく、着やすいラグラン袖。コール天の柄布で作りました。丈が長めなのでワンピースとしても着られます。長袖だと作業するときなどにまくるのが面倒なので、私は七分袖が好きですが、お好みでアレンジしてください。わきの両ポケットつけも簡単です。袖口はタックをつまんでふんわりと優しい形にしました。

>> p.68

黒の
半袖チュニック

麻が好きで、オールシーズン着ています。飾らないけれどほどよくきちんとしていて、身体になじみ着心地がいい。この作品のような薄手の布なら透け感も楽しめます。袖口とすそに布地の両耳の柄がくるように配置すると、簡単に作り映えしますよ。足さばきがいいように、両わきには深めのスリットを入れています。

>> p.67

雪の刺繍の
チュニック

ヨーロッパの海のような、澄んだ藍色のチュニック。胸もととスリットに雪の結晶のような刺繍を施してポイントに。こんな風に柄のかわりに刺繍をするのも好きです。このパターン、例えばジョーゼット生地で作って、コロニアルノット・ステッチを縦に連ねて線状にし、雨のようにたくさん散らしてもかわいいでしょうね。

>> p.70

| チェックの
| ベスト

雪の刺繍のチュニックの丈を短くして、厚地のウール地でベストを作りました。ゆとりあるパターンなので、ニットの上にも合わせられます。着こなしのアクセントにもなりますし、防寒もできて、気になるおしりとおなか回りは隠してくれるほどよい着丈と、うれしいことがいっぱい。布地で印象もずいぶんかわりますよ。

>> p.70

草色の ベスト

左のベストよりも8cm着丈を長くして、中厚地のコットンで作りました。全体をすっきり見せたいので、えりぐりは深めのVネックにしています。中にはスタンドカラーのシャツやタートルネックを合わせても。えりぐりは見返しをつけていますが、バイアステープで始末しても。いくつも作っていくと、そのつど発見があります。
>> p.70

ショートベスト

前後身ごろのわきに、2本のタブをはさんで縫い留める、エプロンのようなデザインのショートベスト。身ごろには目立つ色の糸でぐるりとステッチをかけてアクセントに。胸もとには5ページのチュニックのプリントから、花の部分を切り取って作ったブローチをつけました。

>> p.72

後ろタックの
チュニック

パッチワーク風プリントの1枚布で。下に着るものが中途半端に見えないよう、えりぐりは少し浅めにしています。夏はTシャツの上にジャンパースカート感覚で着ても。後ろ中央に1本タックを入れたので、肩が動かしやすく、すっきり見えて一石二鳥。すそのまつり縫いはひと手間ですが、手縫いならではのあたたかみが出ますよ。

>> p.58

アイスグレーの
チュニック

もう何枚作ったかわからない、私の定番のパターン。ファスナーやボタンつけがなく、かぶりで着られるものが好きなのですが、スタイルよく見えるし、上に何かはおっても下に着てもほどよいサイズ感です。
お気に入りの布を見つけるたびに、今度は袖なしにとか、すそにスリットを入れてとか、アレンジしながら楽しんでいます。

>> p.60

8分丈パンツ

このパンツもよく履いています。丈は足首の部分が見えるこのくらいの丈がすっきり見えて好き。歩きやすく、上にはチュニックやベストなど、何を合わせてもなじみ、とても使いやすいです。生地は14ページのバッグの持ち手と同じ、デニムのような色みの麻。次は濃い茶色の生地でも作りたいなと思っています。

>> p.74

ころん

昔から優しい丸みのあるバッグが好きです。デザインするときは、置いたときも、持っているときもすてきに見えるような形と、仕様を同時に考えながら進めます。身長が高くても低くても似合いそう。持ち手の強度を出すために、ステッチをたくさん入れたら、モダンな雰囲気になりました。リバーシブルで使えます。

>> p.49

洋梨

短い持ち手も含めて美しいシルエットになるように仕立てたバッグ。布はウールやコットンなど、しっかりめのものを使ってください。わきにパイピングコードをはさんで張りを出し、型くずれを防いでいます。底の両側にタックを取って少しだけふくらみを出しました。最初のページの白い森の模様のバッグはコットンで作っています。

>> p.52

マルシェ

買い物のときにも頼もしい、たっぷり容量のトートバッグ。裏布にはシロクマ柄のフランネル地を使いました。ふと触れたとき、裏布が優しい手触りだとうれしいですよね。底布はやや厚地の布で作りましょう。底が深いと何かと安心ですし、たたんで旅行にも持って行けるので、1つあると便利です。

>> p.78

三角

おにぎりのような形の、やや大きめのワンショルダーバッグ。キャンバス地のにぎやかなプリントが効いています。裏布は中のものがよく見えるように、明るめのグリーンにしました。外ポケットのファスナーには、お気に入りのファスナー飾りをつけて。入れ口をボタンで留められるので、安心ですし、形も維持できます。

>> p.76

ワンマイル

さっと作って気軽に使えるバッグ。中にものを入れても
ころんとした卵形が保てるように、裏布につけたポケッ
トも底のラインに沿わせた形に。持ち手は全体のバラン
スを考え、縦半分に折ったテープを使って肩にもかけら
れる長さに。リバーシブルにもなるので、裏布もお気に
入りの布を使ってくださいね。
>> p.57

ワンデイ

行楽日に持ちたい、少し大ぶりのバッグ。まちのポケットはまちと少し丈に差をつけて、傘やペットボトルが入るようふくらみを持たせました。持ち手は2種類つけていて、ショルダーひもの幅は楽に持てるように広めにしてあります。サブバッグとしても活躍しそう。タックを入れたまちの作り方は写真で解説しています。
>> p.55

ぺたんこ

4ページのチュニックの色違いの布で作った、2枚の四角い布をはぎ合わせただけの平面バッグ。持ち手と口側には強度を上げるためにステッチをたくさんかけています。コール天などの布で作ると持ったときに柔らかい表情が出ます。いくつも作って、たたんで旅先に持って行ってもお土産入れなどに重宝します。プレゼントにも。

>> p.66

ワンショルダー

よく知られるキルトのパターン「ベツレヘムの星」をもとに、布の色使いを工夫して花に見立てたデザイン。トップのピースは多いですが、ピースワークとキルティングにしか出せない、豊かな表情が浮かび上がりました。持っていると声をかけられるような手の込みようで、そのぶん長く使えます。パターンの周囲にはリバースキルトを施しました。

>> p.88

| 丸と十字の
ポーチ |

無地に丸のアップリケを規則的に連ねただけの簡単なポーチですが、ヘリンボーン・ステッチとチェーン・ステッチを格子状に刺すことでぐっと華やかに。色使いのポイントは、土台布とヘリンボーン・ステッチ、ファスナーなど限られたところに強い色を配し、あとは控えめなトーンで統一すること。配置を決めてから縫いましょう。
>> p.82

スターとバスケットのポーチ

スターは、パターンをくずすことで動きが出たり、配色次第で違う形に見えるのが魅力です。バスケットは花や果物を刺繍で入れることもできますし、「豊穣を願う」という意味があり、パターンが生まれた場所の歴史や文化が感じられて好きです。金具をつけずに仕上げると、両端が開いて小舟のような形になります。

>> p.64

ボウタイの
ケース

パターンの名前の通り、本来はボウタイの形が浮き上がって見える布使いをするのですが、真ん中の正方形だけを濃い色にすることで、ダイヤ模様のように見せてみたらどうだろう、と思って作りました。めがねを入れていますが、ペンケースや、メイクポーチとして使っても。ふた裏にはチュールのポケットをつけています。

>> p.81

ハウス

私の好きな北欧の家を模して作りました。赤い壁と黒い屋根、そして青いドア。ダーラナ地方の手工芸学校で、美しい青色のドアを初めて見たときの感動を、いまでもよく覚えています。
屋根にのった雪は、裏側から屋根の生地をくりぬいて白さを表現しています。家の内側に綿を入れるときは形が丸くなりすぎないように少しずつ入れるときれいに仕上がりますよ。オーナメントとしてはもちろん、針山としても使えます。

>> p.79

31

小鳥

ちょんちょんと跳ねるかれんな小鳥をイメージして、ごく小さなポーチを作りました。鳥の背にファスナーがついていて、引き手とストラップのひもをつなげています。くちばしや足など小さなパーツに強めの色を配すと締まります。ストラップのひもは切れないように、しっかりめの布で。尾は縫いつけるときにいくつも布が重なるので、やや薄手でもいいかもしれません。
>> p.61

ふくろう

鳥の中でいちばん好きなふくろう。
愛を注ぎ込んで、何度も型紙を直
し、羽のキルトラインまでこだわ
り抜きました。綿はしっかり入れ
ながらも、少しシャープに斜めに
流れるシルエットを意識して。
顔がとても難しいのですが、目は
ぱっちり、耳はちょこんと、どこ
かの森に住むふくろうを思い浮か
べながら作りました。左右の羽は、
間から少しだけ尾が見えるくらい
の合わせ方がきれい。ずっとそば
に置きたいお気に入りです。

>> p.62

ソーイングポーチ

外出先でも使える、持ち手つきのソーイングポーチ。内袋のほかにポケット、ふたの裏には針刺しもつけています。ふたは少し大きめにして家のような形に。複雑に見えるかもしれませんが、パーツを順に重ねて作るシンプルな仕立てです。私なら内袋にキルトの型紙や糸を入れて、ポケットにはペンや定規、シンブルを入れます。

>> p.86

白い花のケース

仕事で使うこまごまとした道具を、さっと収納できて見ためも好みのものが欲しいと思って作りました。本体の中にはプラスチックボードを、持ち手には接着芯を入れているので形が安定しています。白い花をかごに入れたイメージです。小ぶりなので、入れたいものがおさまるかどうか、寸法を確認してくださいね。

>> p.84

column 1

こんな風に
コーディネートしています

仕事のときも、遊びや旅行のときも、手持ちの服と合わせていろいろに楽しんでいます。

[洋服のこと]

洋服は1つ仕上げると2つめはずっと速く作れるので、同じパターンを何度も作ってみるのがおすすめです。生地を選ぶときは、色や柄とともに素材感を重視するとリッチな印象になるかもしれません。私は張りのあるものよりも、落ち感があるもののほうが着やすく体になじむので好きです。余り布でおそろいの袋を作ってバッグに忍ばせるのも、自分だけのひそかな楽しみです。

チュニックの花柄を生かしたブローチ (p.10) は、くるみボタンを使って作り、後ろ側に裁ち切りにしたフェルトをつけて縫い合わせ、ブローチピンをつけるだけ。縁にぐるりとコロニアルノット・ステッチを刺しています。

同系色の太めのパンツを合わせて。160㎝の私が着るとひざ丈くらいになります。靴はヒールのないものを履くことが多いです。

白いパンツを合わせて明るい印象に。Aラインでスリットがあるので、ゆるやかにドレープが出ます。アクセサリーは存在感のあるものが好きです。

雪の刺繍のチュニックと8分丈パンツを組み合わせて。濃いめの色でまとめると、白で刺した刺繍が映えます。

| ネック＆
リストウォーマー |

北欧の空を切り取ったような、深いブルーからグレーに変わる段染め糸で、首もとと手もとを暖めるアイテムを編んでみました。引き返し編みでゆるやかなカーブを描いています。ネックウォーマーは半分に折り曲げたり、帽子として使っても。リストウォーマーは手首側にフリンジをつけてもかわいいですね。

>> p.91・92

ポンチョ

スウェーデンの毛糸工房を営む女性たちが編んだ作品はどれもすてきで、すっかり気に入ってしまい、彼女たちと同じ糸で、長方形をはぎ合わせたポンチョを作ってみました。染色していない羊そのものの色の毛で、少しむらがあるのもなんだかうれしい。あえて適合針より太い針で編み、透かし風にしています。着方も、お好みで。
>> p.90

ショール

北欧を旅しているとよく見かけ、気になっていた三角ショール。編んで実際に使ってみると、実に便利で重宝します。ウエアよりもつけ外しが楽ですし、顔回りも明るくなるし、巻き方のバリエーションも楽しめます。段染め糸1玉で作る場合は、タッセルを先に作りましょう。本体は編み方記号図に厳密になりすぎず、糸がなくなるところまで編むようにしてもOKです。ビーズはちょっと重めのものを選ぶと安定しますよ。

>> p.94

column 2
こんな風に コーディネートしています

[ニットのこと]

母が機械編みをしている姿を見ていた幼いころから、編み物が好きでした。20代くらいまではせっせと編み、夫にプレゼントしたりもしていました。とはいえ本格的に習ったわけではないので、ごく簡単なものをときどき編む程度です。昔に比べて糸の種類が増え、色や素材もさまざまなものがあるので、眺めているだけでも、いろいろ編んでみたくなりますし、簡単なものでも作り映えするようになりました。ちょっとした合い間に少しずつ編んでいます。

白いカットソーとデニム、スニーカーでカジュアルに。わきの2本のタブと黒い生地の見返しがアクセントに。

ポンチョは長い部分を中央にすると首回りは浅めのタートルネックのようになります。1枚さっとかぶるだけで印象を変えられます。

長い部分を両わきに持ってくるとこんな感じに。首回りはボートネックのようになります。動くとふんわりすそが揺れるのも好き。8分丈パンツを合わせて。

How to Make

・図中の寸法の単位はcmです。S＝ステッチの略です。

・「寸法図」は縫い代を含まない出来上がったときの寸法を表記しています。洋服は「出来上がり寸法」、ニットは「製図」の表記がそれにあたります。

・ニットを除き、それぞれ図中にある縫い代をつけて裁断します。キルト作品については、一般にピース布は0.7cm、アップリケ布は0.3〜0.4cmの縫い代をつけています。

・使用糸などの用具は各作り方ページの材料表示の中から省いています。46〜48ページを参照し、作品に合わせて必要な糸を用意してください。

・バッグやポーチはミシンで縫い合わせていますが、手縫いで仕立てる場合は本返し縫いで縫い合わせます。手縫いとステッチの基礎は付録型紙Aを参照してください。

・キルト作品は、キルティングをすることで出来上がり寸法よりも縮む場合があります。また手縫いで仕立てる作品は、縫う人の手加減、布地の種類などでも寸法がかわります。

・大きなパーツやバイアスなどの場合を除いて、布目線を表示していません。柄の布は柄に合わせて、はぎれの場合は裁断しやすい布目で裁断してください。

作品を作る前に

洋服と布バッグ／知っておきたいこと

サイズについて

この本の洋服はすべてM・Lサイズ展開です。下の適応サイズ表を見て、ワンピースとチュニックとベストはバストの、パンツはヒップの寸法に合わせてサイズを選びます。各作品の作り方ページには出来上がり寸法を表記していますので、あわせて参考にしてください。また、着丈をお好みで調節したいときは、丈をすそ線と並行に移動します。お手持ちの服のバストや着丈などの寸法を参考にすると、サイズ感がつかみやすいでしょう。

適応サイズ表

サイズ	M	L
バスト	80〜85	86〜90
ヒップ	86〜92	93〜98
身長	160	

※この本のモデルの身長は167cm、Mサイズを着用しています。

必要な用具

下記のような、一般的な裁縫道具があればOKです。
型紙用紙（ハトロン紙など下の線が透けて見える紙）・定規・鉛筆・手芸用両面複写紙・ルレット・布用印つけペン・裁ちばさみ（布用の大きめのはさみ）・紙用のはさみ・小ばさみ・待ち針・手縫い針・指ぬき・アイロン・アイロン台・ミシンなど（写真は48ページを参照）。

このほかに、ゴム通しや目打ちなども、作品によって使用する場合があります。

型紙について

①付録の実物大型紙を使って型紙を作ります。
②作り方ページに表記してある「使用型紙」のパーツを確認し、付録の実物大型紙の中から別紙に写し取ります（鉛筆やシャープペンシルなどで写すと便利）。直線もカーブも定規を使います。カーブは、20cm定規などの短めの定規のほうが描きやすいでしょう。布目線や合い印も忘れずに写し取りましょう。
③写し取った各パーツは、「裁ち合わせ図」を参照して指定の縫い代をそれぞれつけた縫い代つきの型紙を作り、切り取ります。縫い代線は、必ず出来上がり線と平行に引きましょう（右図）。
④縫い代つきの型紙を、「裁ち合わせ図」を参照して布に配置し、型紙どおりに布を裁ちます。布を二つ折りにして裁つ場合は外表に折って裁断します。
⑤出来上がり線の印をつける場合は、外表になっている2枚の布の間に、手芸用両面複写紙をはさみ、ルレットで出来上がり線をなぞって印をつけます。合い印も忘れずにしるしておきましょう。

型紙の線種

布目線	わ	合い印	タック	ダーツ
縦地と線を平行に合わせる	左右対称に続けて裁つ線	パーツを合わせる印	斜線の下がる方へたたむ	三角につまんで縫う

縫い代つき型紙の作り方

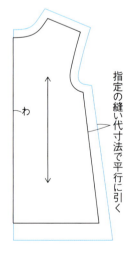

指定の縫い代寸法で平行に引く

針と糸について

布地の厚さによって使用する針と糸はかわります。
作品をどんな布地で縫うか決めたら、下記の針と使用糸を参考に用意してください。
糸を選ぶとき、ステッチを効果的に見せたい場合以外は、布地に近い色めのものを選びます。
糸は布地と一緒に買うのがおすすめです。

布地の種類	ミシン針	ミシン糸
薄地　綿ローン、ボイル地など	9号	90番
普通地　ダンガリー、オックスなど	11号	60番
厚地　デニム、ウールなど	11号または14号	60番または30番

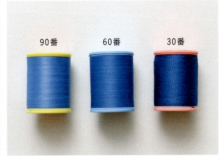

ミシン縫いについて

・ミシンの糸調子を事前にチェックします。実際に縫う布地を使って、必ず試し縫いをしてから縫いましょう。

・縫い目がほつれないように、縫い始めと縫い終わりは返し縫いをします。

・出来上がりの印つけを省き、指定の縫い代幅で縫う場合は、針板の目盛りまたはステッチ定規を用いて縫います。パーツの部分によって縫い代はかわるので、縫い代幅を間違えないように注意しましょう。マグネットタイプのステッチ定規はミシンの機種を問わず、金属製の針板であれば使えるので便利です。

返し縫いの仕方

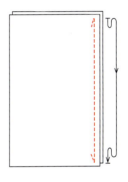

針板の目盛り

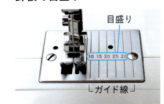

針板の目盛りに布端を合わせて縫う

ステッチ定規

1・3はミシンの針棒にセットして使うステッチ定規。2はマグネットタイプのステッチ定規

接着芯の貼り方

貼るパーツの裏面に接着芯の接着面を重ね、当て紙または当て布をしてアイロンで端から押さえて接着します。
接着面に隙間ができてしまうと、そこからはがれてしまうので隙間なく端からアイロンを当てます。熱いうちははがれやすいので、完全に冷めるまで平らに置いておきます。

アイロンの当て方

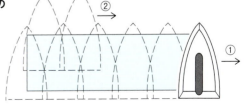

布の裏面にのりのついた面をのせ、端から均等に圧力をかけながら移動させる

キルト／必要な用具

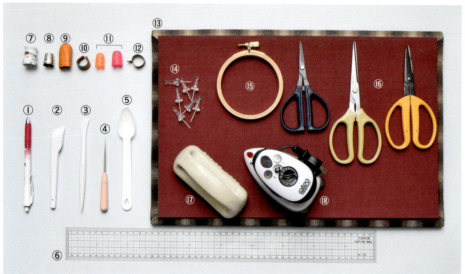
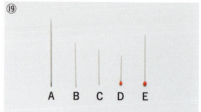

①布用印つけペン
ピースやアップリケ図案を写したり、キルティングラインを描くときに使用する。

②直線用ヘラ ③カーブ用ヘラ
ピースの縫い代を倒して整えるのに使用する。アイロンの代わりとしてあると便利。

④ラクトぎり（または目打ち）
重なって厚みのある縫い代をくるんだり、袋の角を整えるのに使用する。

⑤スプーン
しつけをかけるときに使用する。しなりがある赤ちゃんのミルク計量用のスプーンが使いやすい。

⑥定規
ピースを写したり、キルティングラインを描くときに使用する。マス目が入っているものが便利。

⑦陶器⑧メタル⑨レザーシンブル
キルティングをするとき、指を保護するために使用する道具。陶器のシンブルは左手の人差し指、メタルシンブルは右手の中指、レザーシンブルはメタルシンブルの上にはめる（右利きの場合）。

⑩指ぬき
手縫いのときに、利き手の中指にはめて使用する。

⑪ゴムの指サック
キルティングやアップリケのときに滑らずに針を抜くことができる。人差し指にはめて使用する。

⑫リングカッター
利き手と反対側の親指にはめ、作業しながら糸をカットできる。

⑬パッチワークボード
やすり面とカバーの柔らかい面があり、やすり面は布地に印をつけるときに、カバーの柔らかい面は直線用ヘラ・カーブ用ヘラを使うときに使用する。裏側の布地面はアイロン台として使用できる。

⑭プッシュピン
裏布・キルト綿・表布の3層に重ねてしつけをかけるときに使用する。針足の長いものが便利。

⑮刺しゅう枠
刺しゅうをするときに使用する。輪の小さいものが使いやすい。

⑯はさみ
（左から）糸用・布用・紙、キルト綿用と3種類用意して使い分けると、傷まずに長持ちする。

⑰文鎮
キルティングをするときに重しとして使用する。

⑱アイロン

⑲針
A しつけ針 しつけをかけるときに使う。
B 縫い針 手縫いのときに使う。
C キルト針 キルティングのときに使う。
D 短い待ち針 針足が短く、頭が小さいのでアップリケのときに使いやすい。
E 待ち針

⑳糸
a しつけ糸 しつけをかけるときに使用する。
b ミシン糸（50番・60番）バッグや小物を仕立てるときに使用する。
c 手縫い糸 ピースワークやアップリケなど、手縫いのときに使用する。
d キルト糸 キルティングのときに使用する。

そのほかに、鉛筆、厚紙（型紙用）、トレーシングペーパー（図案を写すのに使用）、ライトテーブル（図案を写すのに使用）、ボード（しつけをかけるときに使用）、ミシンなど

p.14

ころん

[出来上がり寸法]

幅30cm 丈21cm 底幅15cm

*型紙　D面

*作り方写真ではわかりやすいように、布と糸の色をかえています。

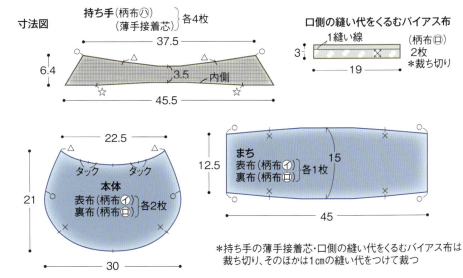

寸法図

持ち手（柄布㋑）（薄手接着芯）各4枚
37.5　6.4　3.5　内側　45.5

口側の縫い代をくるむバイアス布
1縫い線　（柄布㋺）2枚　*裁ち切り
3　19

本体　表布（柄布㋑）裏布（柄布㋺）各2枚
22.5　タック　21　30

まち　表布（柄布㋑）裏布（柄布㋺）各1枚
12.5　15　45

*持ち手の薄手接着芯・口側の縫い代をくるむバイアス布は裁ち切り、そのほかは1cmの縫い代をつけて裁つ

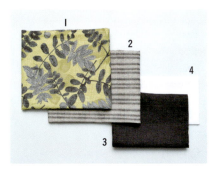

[材料]

1 木綿地

　柄布㋑ … 50×55cm

　（本体表布・まち表布）

2 木綿地

　柄布㋺ … 50×65cm

　（本体裏布・まち裏布・口側の縫い代をくるむバイアス布）

3 麻

　柄布㋩ … 110cm幅　20cm（持ち手）

4 薄手接着芯　50×30cm

① 各パーツを裁つ

持ち手 4枚
本体表布 2枚
まち表布 1枚

本体裏布 2枚
まち裏布 1枚

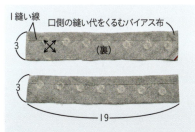

1縫い線　口側の縫い代をくるむバイアス布　（裏）
3
3　19

実物大型紙を使用して、本体・まち・持ち手の型紙を作る。各布地の裏面に型紙を当て、出来上がり線と合い印を写す。寸法図の縫い代をつけて裁つ。口側の縫い代をくるむバイアス布2枚は寸法図を参照して直接布を裁ち、縫い線を入れておく。

② 本体とまちを縫い合わせ、袋を作る

まち表布（表）
本体表布（裏）
縫う

本体表布
縫う

1　本体表布とまち表布を中表に合わせ、合い印を合わせて待ち針を打つ。わきの合い印（○〜○まで）をミシンで縫う。反対側も同様に縫う。

本体表布（表）
端ミシン

2　表に返し、縫い代はアイロンでまち側に倒す。縫い目に沿ってまち側に端ミシンをかける。表袋になる。

3 本体裏布とまち裏布も**1～2**の要領で縫う。裏袋になる。

4 表袋に型紙を当て、わきと口側の出来上がり線とタック位置を写す。

5 表袋の中に裏袋を外表に合わせて入れ、わきの合い印（〇）を合わせて待ち針を打つ。表袋と裏袋の口側を重ね合わせ、出来上がり線の下側にしつけをかける。

6 タックをとり、出来上がり線の下側に仮留めする。反対側も同様にする。

7 縫い代の始末をする。口側にバイアス布を中表に合わせ、バイアス布の縫い線と本体の出来上がり線を合わせて待ち針を打つ。端から端まで縫う。

8 本体の口側に縫い代の余分があればバイアス布の端に合わせてカットする。本体の縫い代に切り込みを入れる（バイアス布には入れない）。

9 バイアス布で縫い代をくるみ、縫い目のきわに折り山がくるように三つ折りにする。待ち針を打って留め、たてまつりでまつる。反対側の口側の縫い代も同様に始末する。

10 表からステッチを5本かける。袋が出来た。

③ 持ち手をつける

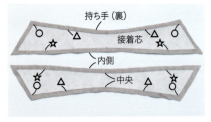

1 持ち手の裏面に薄手接着芯をアイロンで貼る。4枚とも同様にする。

2 1の持ち手2枚を中表に合わせ、両端の印から合い印(☆)まで縫う。残りの持ち手2枚も同様に縫う。

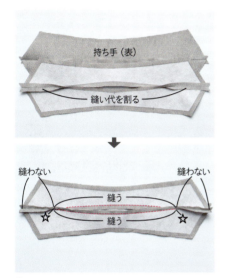

3 2を開き、縫い代を割る。2枚の持ち手を中表に合わせ、内側の合い印(☆〜☆まで)を縫い代をよけてそれぞれ縫う。☆から端までは縫わないように気をつける。

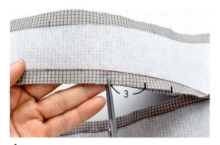

4 3で縫い合わせた内側の縫い代に3cm間隔で浅めの切り込みを入れる。

5 内側から表に返し、形を整える。

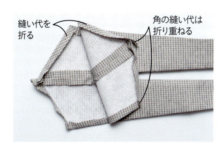

6 周りの縫い代1cmを裏面に折り、アイロンを当てて整える。型紙を参照して合い印(△)を入れる。

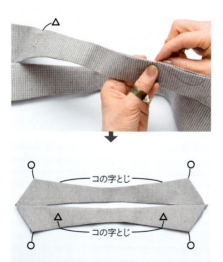

7 合い印(△〜△まで)をコの字とじでとじる。反対側も同様にする。

8 持ち手の端で袋とまちをはさみ、合い印(△)を合わせて待ち針を打つ。次に合い印(○)、持ち手のとがっている角とまちの中央に打ち、最後にその間に細かく待ち針を打って留める。しつけのかわりに周りを粗くまつる。裏袋側も同様にする。

9 表に返し、最初に持ち手の外側、内側の順に端ミシン、次に①〜④の順序でステッチをかける。まつり目を外す。

出来上がり

リバーシブルにしたところ

p.16

洋梨

[出来上がり寸法]
幅28cm 丈38cm（持ち手を除く）

＊型紙　D面

＊作り方写真ではわかりやすいように、布と糸の色をかえています。

[材料]

ウール地
　柄布㋑…80×40cm（本体表布）

木綿地
　柄布㋺…110cm幅　40cm
　（本体裏布・内ポケット・タブ・マグネット布）
　柄布㋩…2.5cm幅バイアス 90cm
　（パイピングコード）

麻テープ
　チャコールグレー…3cm幅　44cm

ワックスコード（中）…長さ85cm

マグネット（極小）…直径1cm　1組

薄いマグネット2枚がくっついた状態。同じ極面どうしを合わせると反発してくっつかないので、つけるときに注意する。

ポイント
・ほつれやすい布地を使用する場合は、縫い代を1.5cmつけて裁ち、縫ってから1cmに切りそろえるとよい。
・パイピングコードの寸法は目安。本体に使用する布地の厚さや種類によって寸法が違ってくるので、ダーツを縫ってから本体のパイピングコードつけ位置の寸法を測って割り出す。
・マグネットは、マグネット布とタブに1枚ずつ入れる。

寸法図

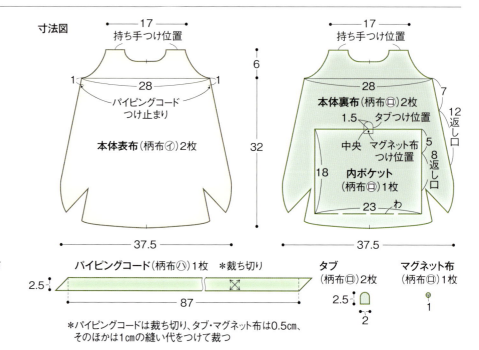

＊パイピングコードは裁ち切り、タブ・マグネット布は0.5cm、そのほかは1cmの縫い代をつけて裁つ

① 各パーツを裁つ

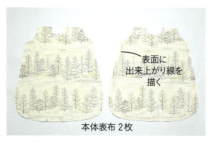

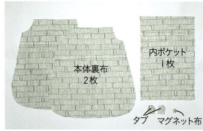

実物大型紙を参照して、本体・内ポケット・タブ・マグネット布の型紙を作る。各布地の裏面に型紙を当てて出来上がり線と合い印を写し、縫い代をつけて裁つ。パイピングコードは寸法図を参照して裁つ。前側になる本体表布の表面に、パイピングコードをつける目安の出来上がり線を描く。

② 本体表布を作る

1 ダーツを縫い、縫い代は内側に倒す。

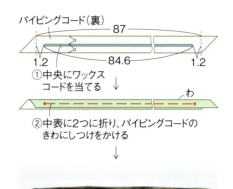

2 パイピングコードを作る（裁ち方とはぎ方の基礎は54ページ参照）。

52

3 パイピングコードの端（ワックスコードが入っていない部分）を外側に折り、本体表布1枚のつけ止まり位置の1cm下に当て、出来上がり線に沿わせながら待ち針で留める。反対側も同様にし、しつけをかけて留める。

4 ファスナー押さえを使い、本体のつけ止まりから反対側のつけ止まりまでを縫う。しつけを外す。

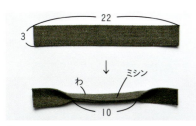

5 持ち手を作る。麻テープを長さ22cmに2本用意する。麻テープの中央を2つに折り、端を10cm縫う。2本とも同様にする。

持ち手を返したところ

6 前・後ろ表布の表面に持ち手を中表にして当て、出来上がり線の外側にしつけをかける。ミシンで仮縫いをする。

③ 本体裏布に内ポケットをつける

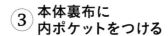

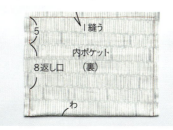

1 内ポケットを中表に2つに折り、返し口を残して3辺を縫う。表に返してアイロンを当てて整え、口側に端ミシンをかける。

2 タブを作る。2枚を中表に合わせ、返し口を残して印から印まで縫う。

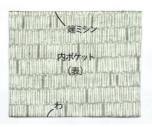

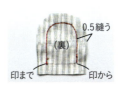

3 返し口から表に返し、縫い代を内側に入れ込む。返し口を残して0.2cm内側にステッチをかける。マグネットを入れ、返し口をコの字とじする。
＊マグネットの同じ極面どうしは反発するので、はり合わされている2枚のマグネットの外側（マイナス面）のほうに印をつけておくとわかりやすい。

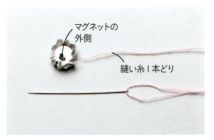

4 マグネット布の縫い代をぐし縫いし、糸は表側に出す。もう1枚のマグネットを入れて糸を引き絞り、玉留めする。

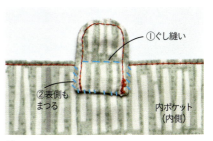

5 タブは、マグネットが動かないように返し口から1cm上をぐし縫いする（①）。内ポケットの内側に当て、外側に針目が出ないようにまつる（②）。ポケット口と接している部分（①の裏側）は外側からもまつる。

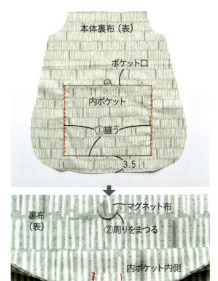

6 本体裏布に内ポケット口側以外の3辺を縫い留める（①）。マグネット布とタブの位置が合うよう、型紙を参照しながらマグネット布を裏布に当て、周りをまつる（②）。本体裏布2枚の底のダーツを縫う。

③ 袋に仕立てる

1　本体表布と裏布を中表に合わせ、印から印まで口側をぐるりと縫う。もう1枚の本体表布と裏布も同様にする。

2　持ち手つけ位置のわきの縫い代のカーブのきついところに2〜3か所切り込みを入れる。もう1枚も同様にする。

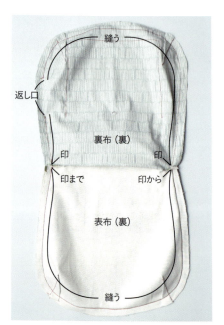

3　2を開き、本体表布は表布どうし、本体裏布は裏布どうしをあき止まりの印から印までそれぞれ中表に合わせる。本体裏布は返し口を残して縫う。

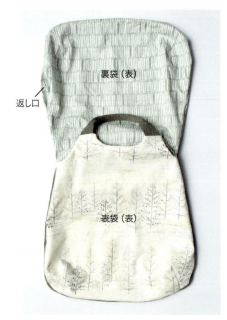

4　返し口から表に返し、整える。返し口の縫い代を内側に入れ込み、コの字とじする。表袋、裏袋が出来た。

5　表袋の中に裏袋を入れ、形を整える。口側にステッチをかける。

出来上がり

バイアス布の裁ち方とはぎ方の基礎

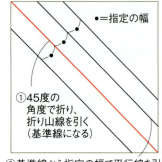

①45度の角度で折り、折り山線を引く（基準線になる）

②基準線から指定の幅で平行線を引く

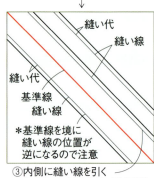

③内側に縫い線を引く（*52ページの作品では不要）

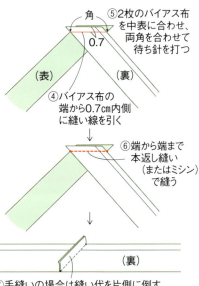

④バイアス布の端から0.7cm内側に縫い線を引く

⑤2枚のバイアス布を中表に合わせ、両角を合わせて待ち針を打つ

⑥端から端まで本返し縫い（またはミシン）で縫う

⑦手縫いの場合は縫い代を片側に倒す

⑦ミシンの場合は縫い代を割る

⑧飛び出している縫い代の余分は幅に合わせてカット

④〜⑧の要領ではぎ、必要な長さのバイアス布を作る

p.21

ワンデイ

[出来上がり寸法]
幅36cm 丈36cm 底幅12cm
＊わかりやすいように糸の色をかえています。

[材料]
木綿地
　柄布㋑…110cm幅　83cm
　（本体表布・底表布・まち表布・外ポケット表布・持ち手A表布、裏布・持ち手B表布、裏布）
　柄布㋺…110cm幅　83cm
　（本体裏布・底裏布・まち裏布・外ポケット裏布・内ポケット）

① 各パーツを裁つ
寸法図を参照して各パーツを裁つ。

② 外ポケットを作り、まち・底と縫い合わせる

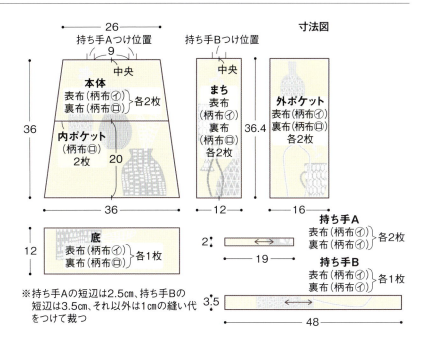

寸法図

※持ち手Aの短辺は2.5cm、持ち手Bの短辺は3.5cm、それ以外は1cmの縫い代をつけて裁つ

1 外ポケットの表布と裏布を中表に合わせ、口側を端から端まで縫う。

2 表に返し、端ミシンをかける（①）。裏布側を出し、周りに出来上がり線を引き、タックの合い印をつける（②）。出来上がり線の外側にしつけをかける（③）。

3 タックの合い印を合わせてつまみ、しつけをかける。

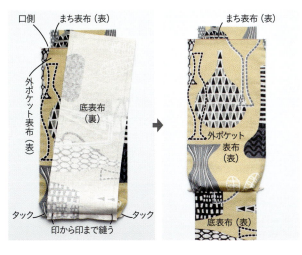

4 まち表布と底表布を中表に合わせ、外ポケットをはさんで底側を印から印まで縫う。タックをとった布を縫い込まないように注意する。表に返す。
※外ポケットにタックをとることで、まち表布よりも2cm短くなる。

5 タックをとった布は外ポケットのわきに平行にして折ってしつけをかけて留める。反対側も同様にする。外ポケットとまちのわきを合わせて両わきにしつけをかける。

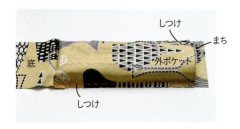

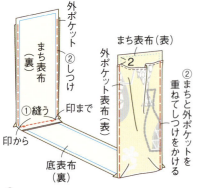

6 底の反対側に**1〜5**の要領でもう１枚のまちと外ポケットを縫い合わせる。

③ **表袋を作る**

本体表布と底・まちを中表に合わせ、図の矢印①・②の順に各辺を印から印まで縫い合わせる。角のまちを縫い込まないように注意する。反対側も同様にする。

④ **裏袋を作る**

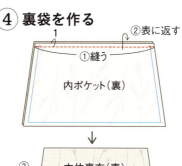

1 内ポケット２枚を中表に合わせ、口側を縫う。表に返し、端ミシンをかける。本体裏布の１枚に縫い留める。

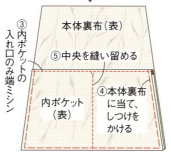

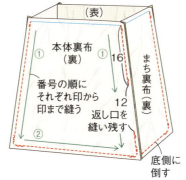

2 底裏布の両端にまち裏布を縫い合わせ、縫い代は底側に倒す。次に本体裏布２枚と底・まち裏布を印から印まで縫い合わせる。このとき返し口を１か所縫い残す。

⑤ **持ち手を作り、本体に縫い留める**

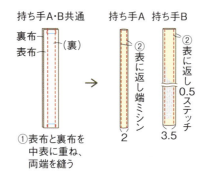

1 持ち手Ａを２本、持ち手Ｂを１本作る。

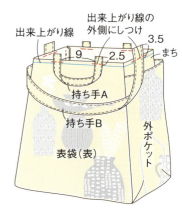

2 表袋の表面に持ち手Ａ・Ｂを仮留めする。

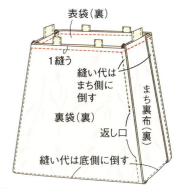

3 裏袋の中に**2**の表袋を中表に合わせて入れ、口側をぐるりと縫う。

4 裏袋の返し口から表に返し、返し口をコの字とじでとじる。表袋の中に裏袋を入れ、形を整える。口側にステッチをかけ（①）、持ち手Ａ・Ｂをそれぞれ図のようにステッチで押さえる（②）。口側のわきを４か所それぞれつまんでタックをとって縫い留める（③）。出来上がり。

ワンマイル

[出来上がり寸法]

幅24cm 丈29cm 底幅10cm

＊型紙　C面

[材料]

木綿地

　ボーダー柄…110cm幅　38cm

　（本体表布・まち表布）

　織り柄…110cm幅　42cm

　（本体裏布・まち〜底裏布・内ポケット）

　黒…15×12cm（底表布）

ナイロンテープ

　黒…2cm幅　100cm（持ち手）

[作り方]

1 まち〜底表布を作る（図1）。
2 1と本体表布を中表に合わせ、合い印を合わせて出来上がり線を縫う。反対側も同様にする（図2）。
3 表に返し、口側から24.5cmのところまでまち側に端ミシンをかける（図3）。
4 ナイロンテープ100cmを半分に折って端ミシンをかけ、50cmずつに切り分ける。本体表布に仮留めする（図4）。
5 内ポケットは口側を三つ折りにして縫う。本体裏布に重ね、中央の仕切りを縫う。もう1枚も同様にする（図5）。
6 まち〜底裏布2枚は底中央で縫い合わせ、縫い代を割る。5と縫い合わせるが、返し口を1か所縫い残す（図6）。
7 4と6を縫い合わせる（図7）。
8 表に返し、返し口をまつる。表袋側を出し、口側に端ミシンをかける（図8）。

リバーシブルにしたところ

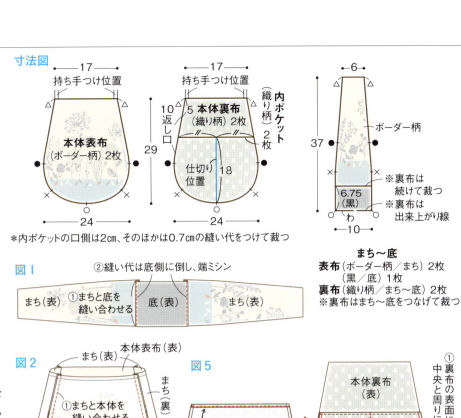

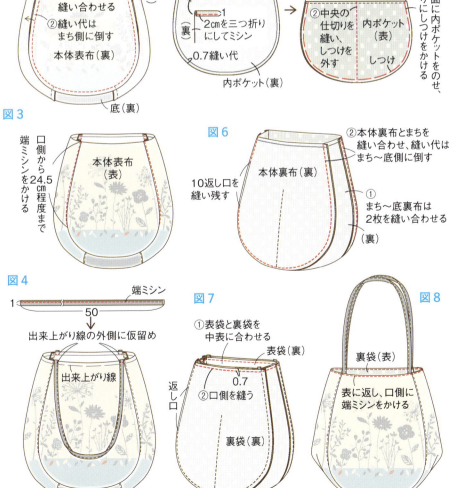

p.11

後ろタックのチュニック

[出来上がり寸法]
M…バスト103cm　着丈91.2cm
L…バスト109cm　着丈91.7cm

＊使用型紙 (B面)
前身ごろ　後ろ身ごろ
前えりぐり見返し　後ろえりぐり見返し
前そでぐり見返し　後ろそでぐり見返し

[材料]
木綿地
　プリント柄…110cm幅　210cm
接着芯　90cm幅　35cm

[作り方]
＊えりぐり、そでぐり見返しの裏面に接着芯を貼る。
＊身ごろの肩、わき、すその縫い代、各見返しの外回りにジグザグミシン（またはロックミシン）をかける。
1 すその縫い代を折り、後ろ中央のタックを縫う。→図1
2 肩を縫う。→図2
3 えりぐりを縫う。→図3
4 わきを縫う。→図4
5 そでぐりを縫う。→図5
6 スリットあきとすその始末をする。→図6

作り方順序

裁ち合わせ図

＊指定以外の縫い代は1cm
＊▨ 接着芯を貼る位置

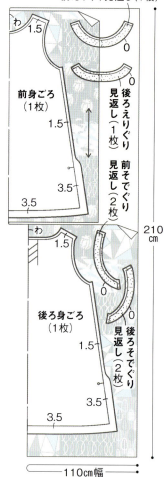

図1

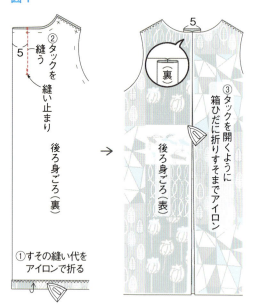

図2

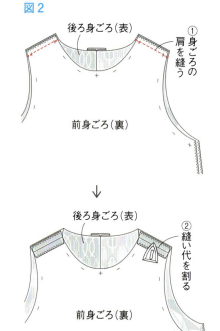

図3

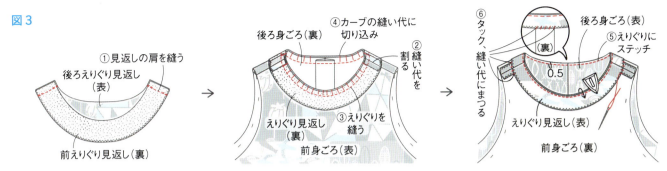

図4

図5

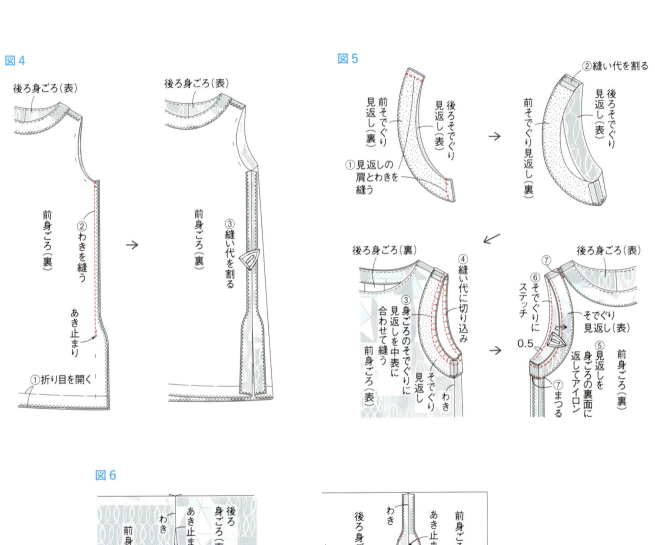

図6

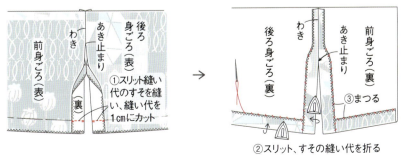

p.12

アイスグレーのチュニック

[出来上がり寸法]
M…バスト103cm　着丈82cm　そで丈23cm
L…バスト109cm　着丈82.5cm　そで丈23.5cm

*使用型紙（B面）
前身ごろ　後ろ身ごろ　前えりぐり見返し
後ろえりぐり見返し　そで

[材料]
木綿地　プリント柄…110cm幅
　　　　M 220cm／L 230cm
接着芯　35×25cm

[作り方]
*えりぐり見返しの裏面に接着芯を貼る。
*身ごろの肩とわき、そでのそで下の縫い代、見返しの外回りにジグザグミシン（またはロックミシン）をかける。

1 前、後ろ身ごろの肩を中表に合わせて縫い、縫い代を割る。→58ページ
2 えりぐりを見返しで縫い返す。→59ページ
3 そでをつける。→図1
4 そで下からわきを続けて縫う。→図2
5 そで口、すその始末をする。→図3

裁ち合わせ図

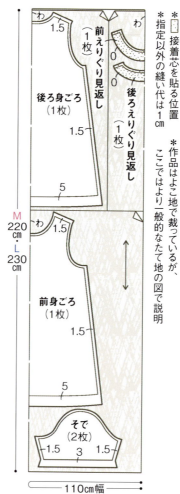

図2

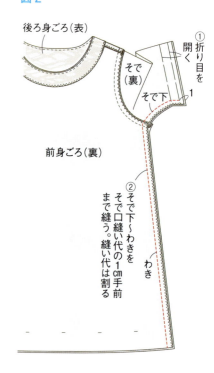

作り方順序

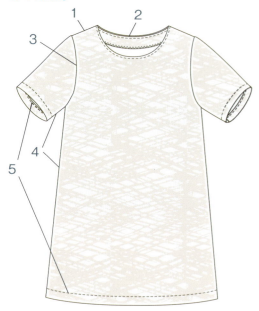

図1

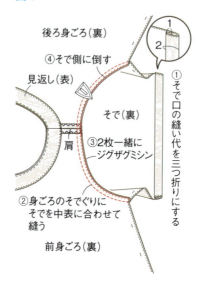

図3

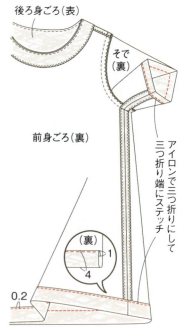

p.32

小鳥

[出来上がり寸法]
幅（くちばし〜尾の先）約22cm
高さ（腹部中央）約7.5cm

＊型紙　C面

[材料]

木綿地　柄布㋑…20×20cm（胴）
　　　　柄布㋺…25×7cm（胸表布）
　　　　柄布㋩…13×12cm（羽）
　　　　柄布㋥…12×6cm（頭）
　　　　柄布㋭…12×6cm（尾表・尾裏）
　　　　柄布㋬…17×17cm（くちばし・足）
　　　　柄布㋣…19×3cm（ひも）
　　　　柄布㋠…25×30cm（本体裏布・胸裏布）

キルト綿　25×30cm

薄手接着芯　4.5×4.5cm

ワックスコード
　　紺…太さ0.1cm　12cm（とさか）

25番刺しゅう糸
　　ブルー・チャコールグレー…各適宜

ファスナー　長さ15cm以上　1本

ナスカン　シルバー…高さ3cm×内径0.8cm　1個

[作り方]

1 各パーツを裁ち、頭には目の刺しゅう図案、胴には羽のアップリケ位置を描く。
2 本体表布の頭と胴を縫い合わせ、胴に羽をアップリケする。頭と胴の縫い目の上に刺しゅうをする。もう1枚も同様に作る（図1）。
3 左右の本体表布と裏布をそれぞれ中表に合わせ、裏布側にキルト綿を重ねて、出来上がり線の外側にしつけをかける。返し口を残して縫う。キルト綿は縫い目のきわでカットし、カーブ部分の縫い代に切り込みを入れる（図2）。
4 3を表に返し、返し口をまつる。裏布まですくって全体にしつけをかけ、自由にキルティングをする。次に羽の周りに落としキルトをする。周り以外のしつけを外す（図3）。反対側も同様に作る。
5 本体と同じ要領で胸を作る（図4）。
6 本体の頭側にファスナーの下止めを当て、本返し縫いで縫う。端をたてまつりでまつる（図5）。ファスナーの反対側にもう1枚の本体を縫い合わせる（図6）。
7 ファスナーを途中まで開けて本体と胸を中表に合わせ、表布どうしをすくって巻きかがりで縫い留める。反対側も同様に巻きかがる。次に裏布どうしをすくってコの字とじする（図7）。周りのしつけを外す。本体を表に返す。
8 ひもととさかを作る。頭に差し込み、周りをコの字とじする（図8）。
9 尾を作り、本体の先にとじつける（図9）。
10 くちばしを作る。頭に当てて、周りをまつる（図10）。ひもの先にナスカンをつける（図11）。
11 足を作り、胸の下中央にまつりつける（図12）。

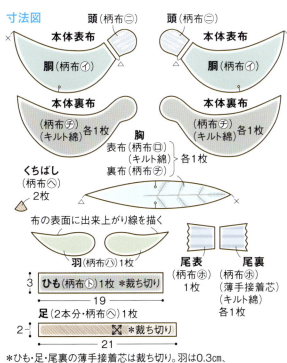

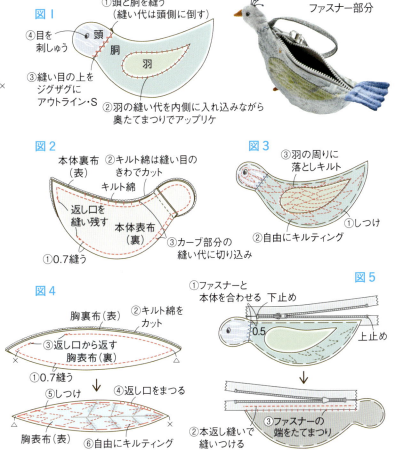

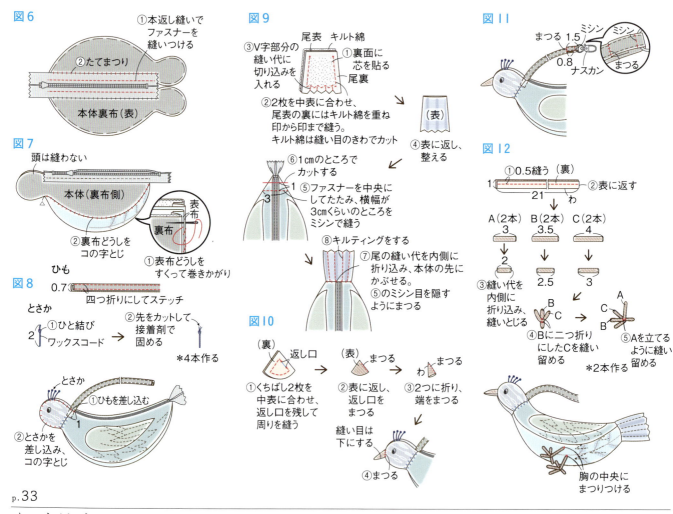

p.33

ふくろう

[出来上がり寸法]
幅12cm 高さ18.5cm

*型紙 C面

[材料]

木綿地　柄布㋑…40×15cm
　　　　（前後ボディー・底・内耳）
　　　　柄布㋺…30×26cm（右羽・左羽）
　　　　柄布㋩…10×12cm（頭）
　　　　柄布㋥…10×12cm（目）
　　　　柄布㋭…10×12cm（くちばし・爪）
　　　　柄布㋬…10×12cm（頭まち・外耳）
　　　　柄布㋣…21×11cm（尾・足）

接着キルト綿　25×19cm

プラスチックボード　厚さ0.1cm　9×6cm

ポリエステルミシン糸60番　グリーン…
　　　　適宜（刺しゅう用）

25番刺しゅう糸　黒…適宜

化繊綿　適宜

[作り方]

1 各パーツを裁つ。頭・目・左右羽・後ろボディーは左右対称に1枚ずつ裁ち、キルト綿は布と同寸に裁つ。

2 頭に目を奥たてまつりでアップリケする。反対側も同様にする（図1）。

3 頭2枚を中表に合わせ、中央を印から端まで縫う。縫い代は片側に倒す（図2）。

4 頭まちのダーツを縫い、縫い代は片側に倒す。次に頭を印から端まで縫い合わせる。（図3）。

5 後ろボディー2枚を中表に合わせ、後ろ中央を縫う。次に前ボディーと縫い合わせる（図4）。

6 底の周囲をぐし縫いし、プラスチックボードを中に入れて糸を引き絞る（図5）。

7 ボディーに頭を中表に合わせて入れ、頭の前中央をボディーのわきの合い印に合わせて首を縫う（図6）。

8 ボディーを表に返し、化繊綿をしっかりと詰める。底を縫いつける（図7）。

9 顔の刺しゅうをする（図8）。糸の始末は羽で隠れる位置です。

10 左羽2枚を中表に合わせ、裏面に接着キルト綿を重ねて縫う。接着キルト綿は縫い目から0.1cm残してカットする。表に返し、返し口をまつる。アイロンを当ててキルト綿を接着し、ミシンキルトをする（図9）。右羽も同様にする。

11 尾も羽と同様に作るが、返し口はとじない（図10）。

12 足を2枚作る（図11）。

13 爪を作り、足に縫いつける（図12）。耳（図13）、くちばし（図14）を作る。

14 ボディーの後ろ中央に尾を縫いつける（図16）。次に左右の羽、ボディーの底に足を、頭に耳、くちばしを縫いつける（図16）。

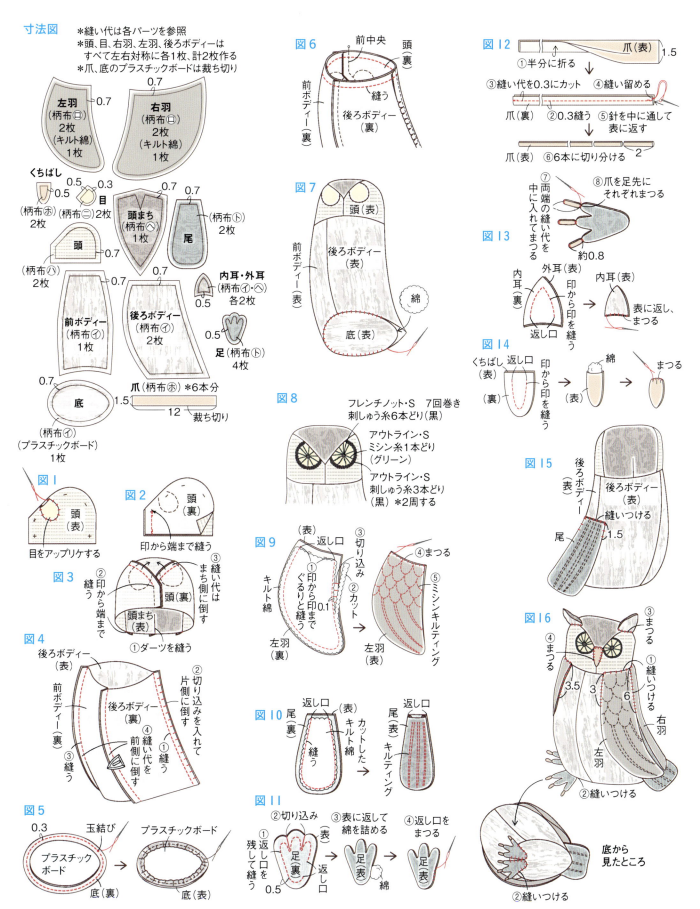

スターと バスケットのポーチ

[出来上がり寸法]

幅14cm 丈約11cm 底幅7cm

*型紙 C面

[材料]

木綿地　柄布㋑…16×10cm（底）

　　　　柄布㋺…27×50cm
　　　　（本体裏布・底まちの縫い代をくるむ
　　　　バイアス布）

　　　　柄布㋩…25×25cm
　　　　（口側をくるむバイアス布・タブ）

　　　　はぎれ数種…各適宜（ピースワーク・アップリケ）

キルト綿　27×40cm

中厚手接着芯　8×8cm

ファスナー　からし色…長さ20cm　1本

引っかけ金具　シルバー…1組

[作り方]

1 各パーツを裁つ。付録の実物大型紙を参照して、本体の型紙も作る。

2 スターのパターンA・B・Cをピースワークで、バスケットのパターンD・E・Fをアップリケで各2枚ずつ作る（図1）。

3 本体表布を作る（図2）。

4 本体表布にキルティングラインを描く。裏布・キルト綿・本体表布の3層に重ねてしつけをかける。キルティングをし、周り以外のしつけを外す（図3）。

5 本体表布の表面に型紙を当て、口側の出来上がり線を引く。本体裏布の表面にはわきと底の出来上がり線を引く。口側をバイアス布でくるみ、パイピング仕上げにする（図4）。

6 ファスナーを口側に本返し縫いでつける（図5）。本体のわきを縫い、縫い代の始末をする（図6）。

7 底まちを縫い、縫い代は底まちの縫い代をくるむバイアス布で始末する（図7）。

8 タブを作る。口側の両側を三角につまんで縫う。縫い目から1cmの縫い代でカットし、タブではさんでまつる（図8）。

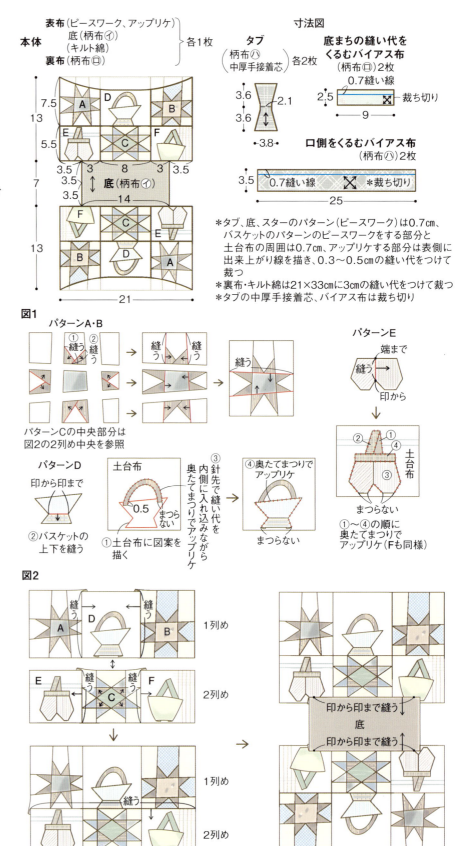

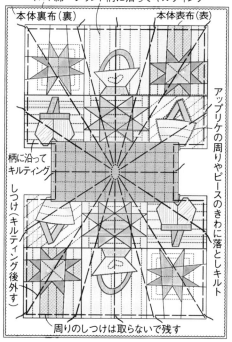
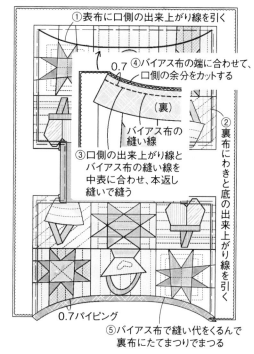
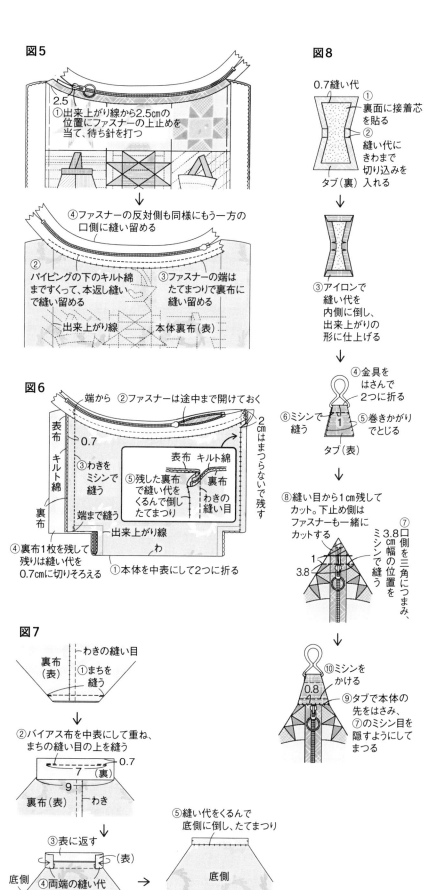

p.22

ぺたんこ

[出来上がり寸法] 幅44cm 丈44cm

[材料]

木綿地　柄布㋑…55×100cm
（本体表布・持ち手表布）
　　　　柄布㋺…100×75cm
（本体裏布・内ポケット・持ち手裏布）

薄手接着芯　4.5×60cm

[作り方]

1 内ポケットを作り、本体裏布の表面に当てて中央を縫う。もう1枚同じパーツを作る（図1）。
2 本体表布・裏布の3辺をそれぞれ縫う。裏布は返し口を残して縫う。裏袋・表袋になる。裏袋の中に表袋を中表に合わせ、口側を縫う。表に返し、返し口をまつる。裏袋を表袋の中に入れ、形を整える。口側にステッチをかける（図2）。
3 持ち手を作る（図3）。
4 表袋のわきに持ち手を当て、ミシンで縫い留める（図4）。

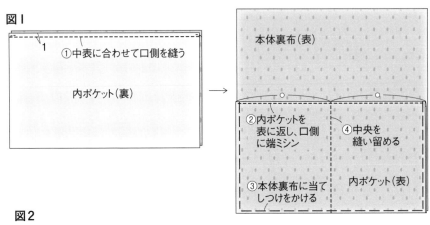

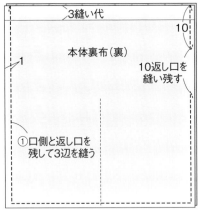

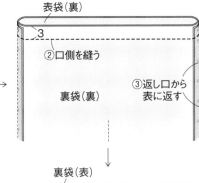

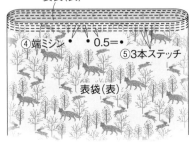

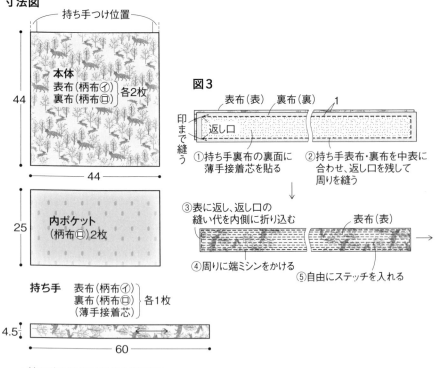

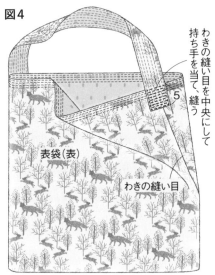

*持ち手の薄手接着芯は裁ち切り
本体表布・裏布の口側は3cm、そのほかは1cmの縫い代をつけて裁つ

p.5

黒の半袖チュニック

[出来上がり寸法]

M…バスト112cm　着丈85cm
　　　そで丈26cm
L…バスト118cm　着丈88cm
　　　そで丈27cm

＊使用型紙（A面）

前身ごろ　後ろ身ごろ　そで　袋布
えりぐり布は裁ち合わせ図の寸法で直接布を裁つ。

[材料]

表布　ボーダープリントの綿麻
　　　…110cm幅　240cm

[裁断のポイント]

ボーダープリントの布を使っているため、すそとそで口に柄がくるように身ごろ、そでともよこ地で裁断する。

[作り方]

＊肩、わき、すそ、そで下、そで口、袋布のポケット口の縫い代にジグザグミシン（またはロックミシン）をかけておく。

1 肩を縫う。前身ごろと後ろ身ごろの肩を中表に合わせて縫い、縫い代を割る。
2 えりぐり布をつける。→p.69
3 そでをつける。→図1
4 そで下～わきを続けて縫う。→p.69
このときポケット口を残し、そで口からスリット止まりまでを縫う。
5 ポケットを作る。→p.69
6 すそ、スリットの始末をする。
→図2
7 そで口縫い代を折ってステッチをかける。→作り方順序

作り方順序

裁ち合わせ図

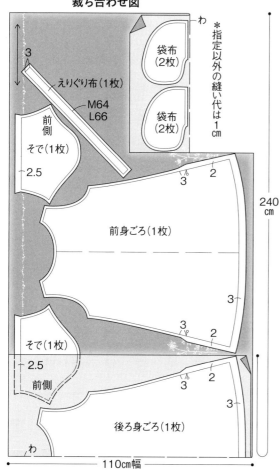

図1

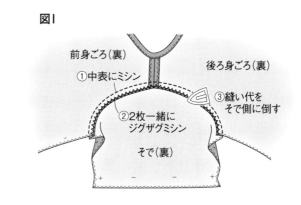

図2

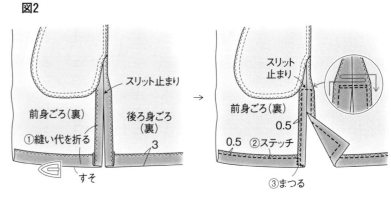

ラグラン袖のチュニック

[出来上がり寸法]

M…バスト109cm 着丈94cm
　　ゆき丈約62.5cm
L…バスト115cm 着丈97cm
　　ゆき丈約65.5cm

*使用型紙（A面）

前身ごろ　後ろ身ごろ　前そで　後ろそで
袋布
えりぐり布とカフスは、裁ち合わせ図の寸法で直接布を裁つ。

[材料]

表布　コーデュロイプリント…110cm幅
　　　M250cm・L260cm

[裁断のポイント]

コーデュロイは毛並みのある布。毛並みの方向によって色味が違って見えるので、一方向に型紙を配置して裁断する。

[作り方]

*すそ、わき、そで下、袋布のポケット口の縫い代にジグザグミシン（またはロックミシン）をかけておく。

1 そでをつける。→図1
2 肩〜そで中央を縫う。→図2
3 えりぐり布をつける。→図3
4 そで下〜わきを続けて縫う。→図4
5 ポケットを作る。→図5
6 すその始末をする。すそは縫い代を折り上げてステッチをかける。
7 カフスをつける。えりぐり布と同じ要領でカフスを縫い、そで口につける。

作り方順序

図1

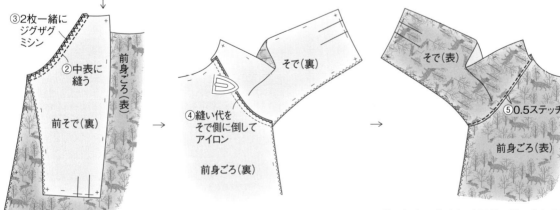

*後ろ身ごろと後ろそでも同様に縫い合わせる

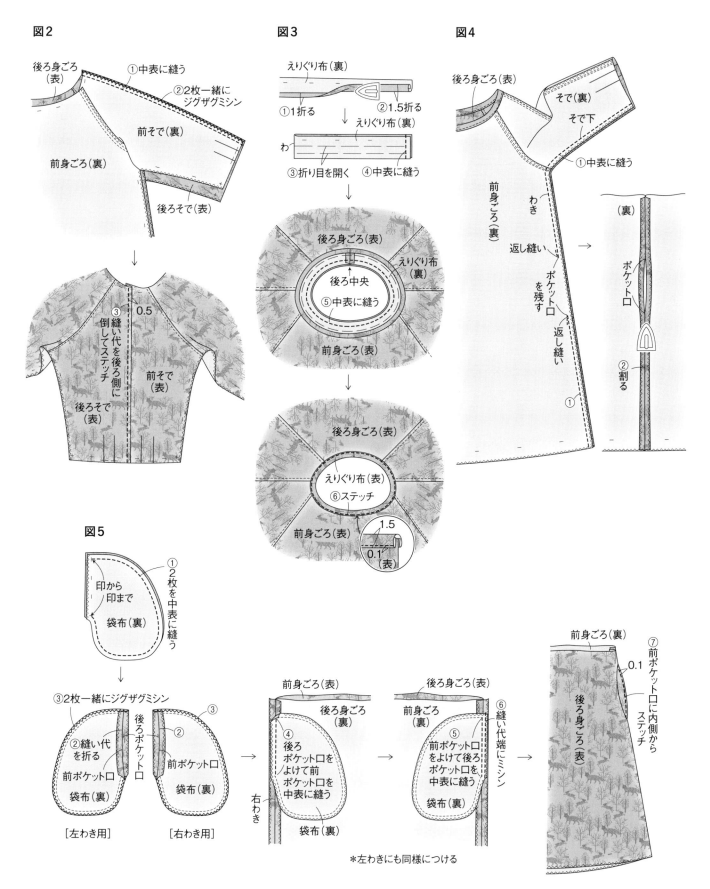

p.6〜9

雪の刺繍のチュニック(C)、チェックのベスト(A)、草色のベスト(B)

[出来上がり寸法]

M…バスト100cm
　着丈A72・B80・C89cm
L…バスト106cm
　着丈A75・B83・C92cm

*使用型紙（A面）

前身ごろ　後ろ身ごろ　前えりぐり見返し
後ろえりぐり見返し　前そでぐり見返し
後ろそでぐり見返し
付録の実物大型紙の前身ごろ、後ろ身ごろのすそ線はAの丈。B、Cは裁ち合わせ図を参照してMサイズ、LサイズともBは前身ごろ、後ろ身ごろとも8cm、Cは前14cm、後ろ17cm丈を伸ばして型紙を作る。

[材料]

表布　A　チェックのウール…140cm幅
　　　　　M140cm・L150cm
　　　B　淡いグリーンの木綿
　　　　　…110cm幅　180cm
　　　C　藍色の麻…140cm幅
　　　　　M190cm・L200cm
接着芯　90cm　幅35cm
25番刺しゅう糸　白…適宜（Cのみ）

[作り方のポイント]

A、Bは丈が違うだけで作り方は全く同じ。Cは基本的な縫い方はA、Bと同じだが、えりぐりのステッチ、すそとスリットの始末をかえ、えりぐり前中央とスリット止まりに刺しゅうを加える。

[作り方]

*各見返しの裏面に接着芯を貼る。
*肩、わき、すそ、各見返しの外回りの縫い代にジグザグミシン（またはロックミシン）をかける。

1　肩を縫う。前身ごろと後ろ身ごろの肩を中表に合わせて縫い、縫い代を割る。
2　えりぐりを縫う。→図1
3　わきを縫う。前身ごろと後ろ身ごろのわきを中表に合わせ、スリット止まりまでわきを縫い、縫い代を割る。
4　そでぐりを縫う。→図2
5　スリットとすその始末をする。→図3
6　Cのみ、えりぐりの前中央とスリット止まりに刺しゅうをする。実物大図案とステッチの刺し方は付録型紙A面を参照。

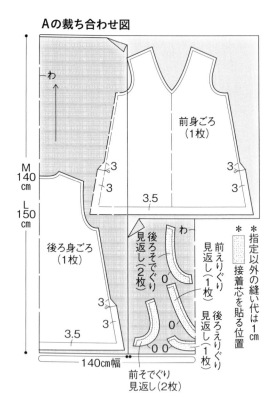
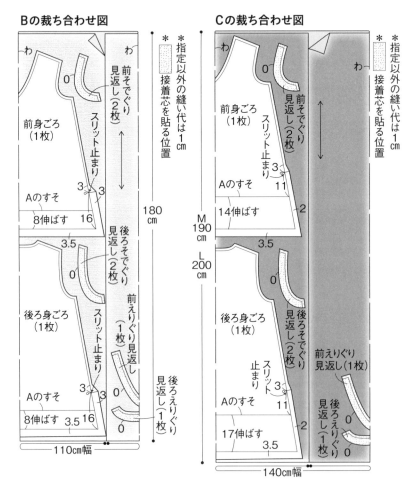

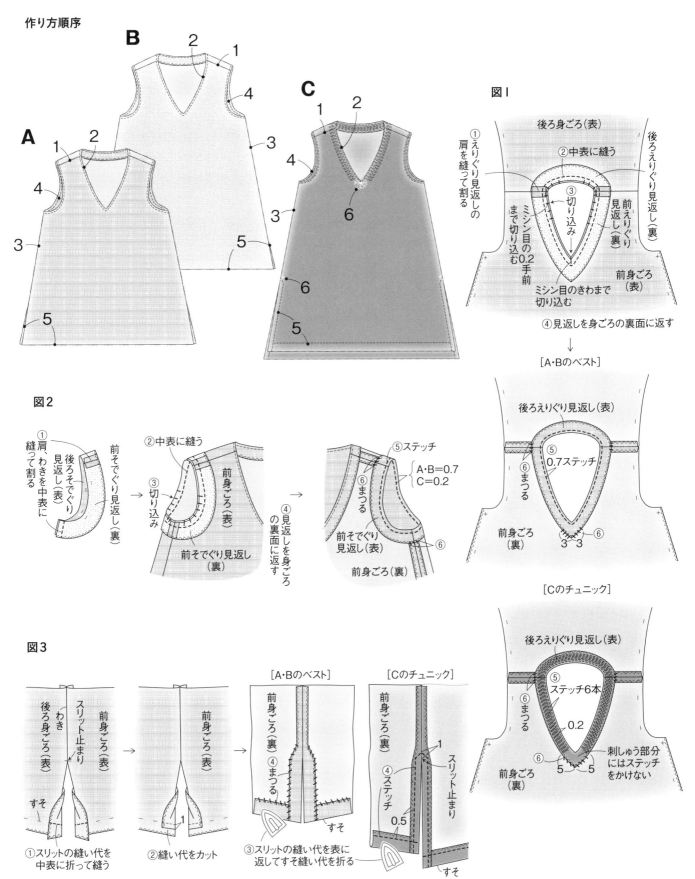

ショートベスト

[出来上がり寸法]
M…バスト101cm 着丈62cm
L…バスト107cm 着丈65cm

*使用型紙（B面）
前身ごろ　後ろ身ごろ　前えりぐり見返し
後ろえりぐり見返し　前そでぐり・わき見返し　後ろそでぐり・わき見返し
タブは裁ち合わせ図の寸法で直接布を裁つ。

[材料]
表布　霜降り柄の木綿
　　　…110cm幅　M120cm・L130cm
別布A　平織り木綿…110cm幅　40cm
別布B　先染め木綿…10×10cm
薄手接着芯　90cm幅　50cm

[作り方]
*各見返しの裏面に薄手接着芯を貼る。
*肩、すそ縫い代にジグザグミシン（またはロックミシン）をかけておく。
1 肩を縫う。→図1
2 えりぐりを縫う。→図2
3 タブを作る。→図3
4 タブをはさんでわき～そでぐりを縫う。→図4
5 すその縫い代をまつる。

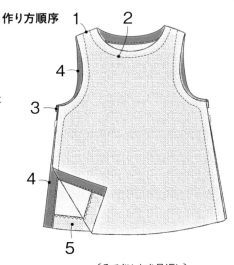

作り方順序

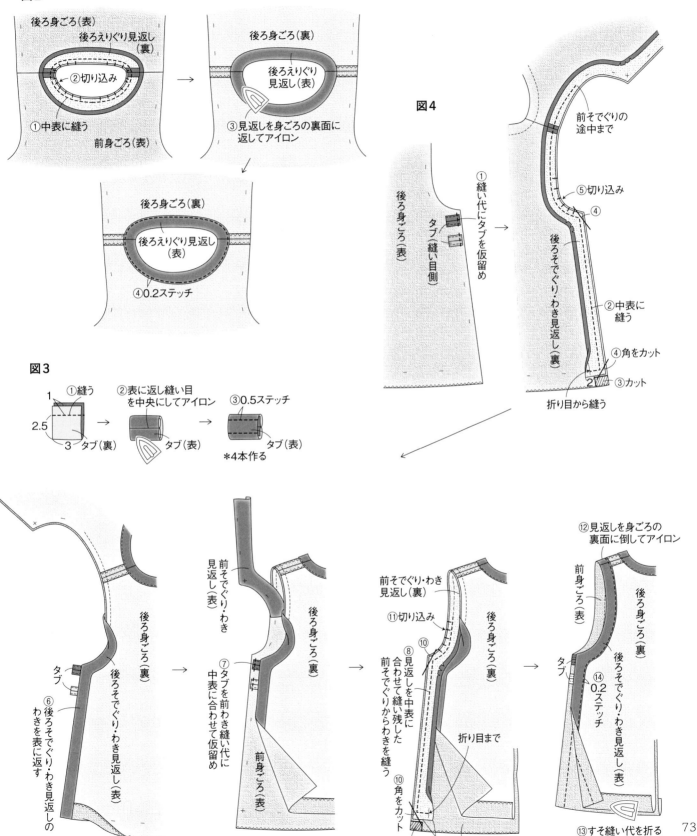

p.13

8分丈パンツ

[出来上がり寸法]

M…ヒップ100cm　パンツ丈79cm
L…ヒップ106cm　パンツ丈82cm

*使用型紙（D面）

前パンツ　後ろパンツ　ポケット口見返し
ポケットわき布

[材料]

表布　麻…140cm幅　M130cm・L140cm
ゴムテープ　3cm幅　適宜

[作り方]

*わき、また下、ポケット口見返しのポケット口とウエスト以外の縫い代、ポケットわき布のウエスト以外の縫い代に、ジグザグミシン（またはロックミシン）をかけておく。

1 ポケットを作る。→図1
2 わきを縫う。→図2
3 また下を縫う。→図3
4 すその始末をする。→図4
5 またぐりを縫う。→図5
6 ウエストの始末をする。→図6
7 ウエストにゴムテープを通す。ゴムテープの長さは試着をして決め、ゴムテープの端は2～3cm重ねて縫い留める。

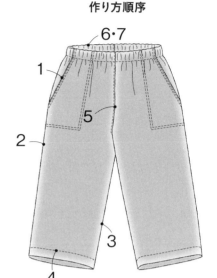

作り方順序

裁ち合わせ図

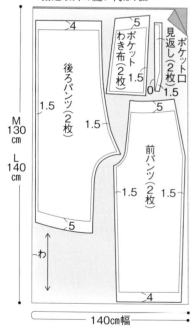

図1

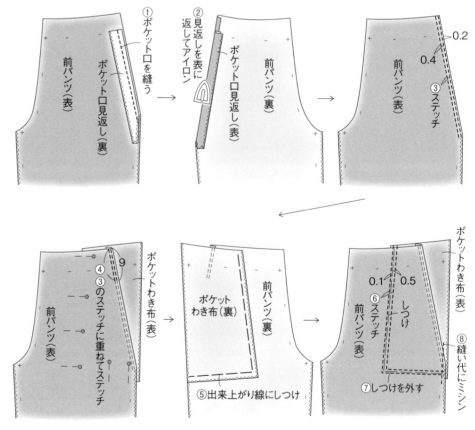

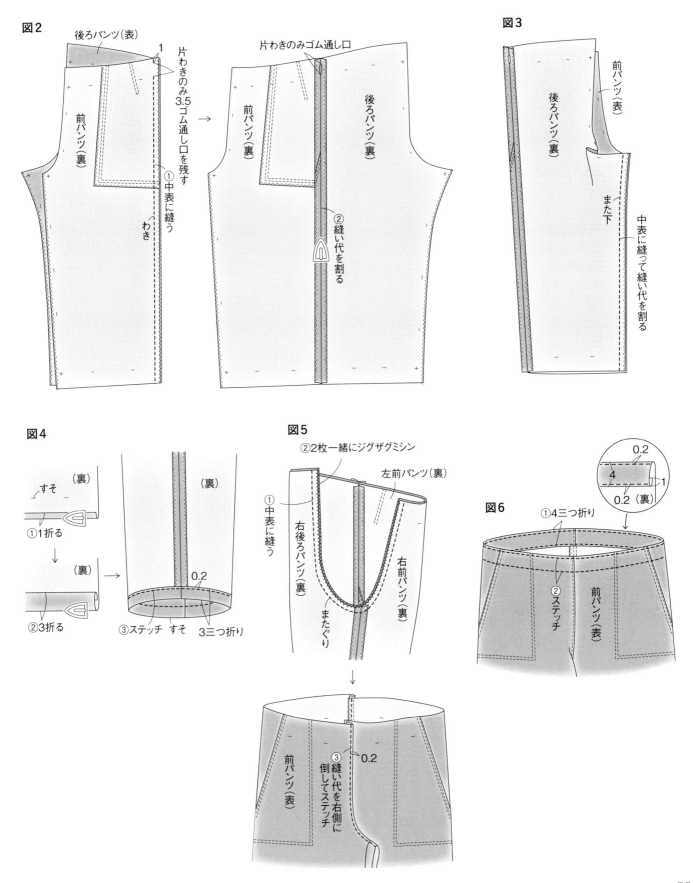

p.18

三角

[出来上がり寸法]

幅32cm 丈30.5cm 底幅11cm

＊型紙 D面

[材料]

木綿地

　柄布㋑…110cm幅 55cm

　（後ろ本体表布・外ポケットA、B表布・
　まち・持ち手表布・ファスナーのわき布
　表布・口側のバイアス布）

　柄布㋺…110cm幅 85cm

　（前、後ろ本体裏布・外ポケットA、B
　裏布・まち、持ち手裏布・ファスナーの
　わき布裏布・内ポケット・タブ）

薄手接着芯 13×5cm（タブ）

中厚手接着芯 70×22cm（まち・持ち手）

ファスナー からし色…長さ20cm 1本

ワックスコード オリーブ色
　　　　　　　　…太さ0.3cm 適宜

ビーズ グリーン…直径0.7cm 長さ2cm
　（ワックスコードが通るもの）2個

スナップボタン 白…直径1.2cm 1組

[作り方]

1 ファスナーとファスナーのわき布を縫い合わせる（図1）。

2 外ポケットA・Bと1を縫い合わせ、前本体表布を作る（図2）。

3 前本体裏布2枚を外表にしてしつけをかける。前本体表布を重ね、周りにしつけをかけて留める（図3）。前本体になる。

4 内ポケットを作り、後ろ本体裏布に縫い留める。表布と外表にして重ね、周りにしつけをかける（図4）。後ろ本体になる。

5 タブを2枚作る（図5）。

6 前後本体とも、タブをはさみ、口側をバイアス布でくるんで始末する（図6）。

7 まち・持ち手の裏布に接着芯を貼る。裏布、表布ともそれぞれ輪に縫う（図7）。

8 まち・持ち手の表布と裏布を中表にして前本体をはさみ、ぐるりと縫う。次にまち・持ち手の表布のもう一方の辺と後ろ本体を中表に合わせ、本体の部分（●～●まで）を縫う（図8）。

9 まち・持ち手の裏布を出来上がりに折り、後ろ本体裏布と持ち手表布にまつる。表に返してまち側と持ち手部分に端ミシンをかける（図9）。

10 タブに目打ちで穴をあけ、スナップボタンをつける（図10）。

11 ファスナーの引き手にビーズの飾りをつける（図11）。

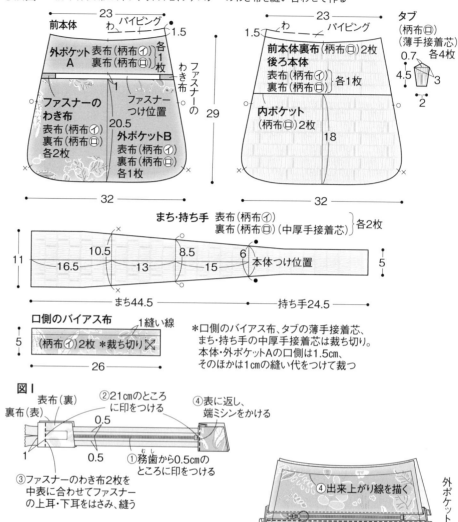

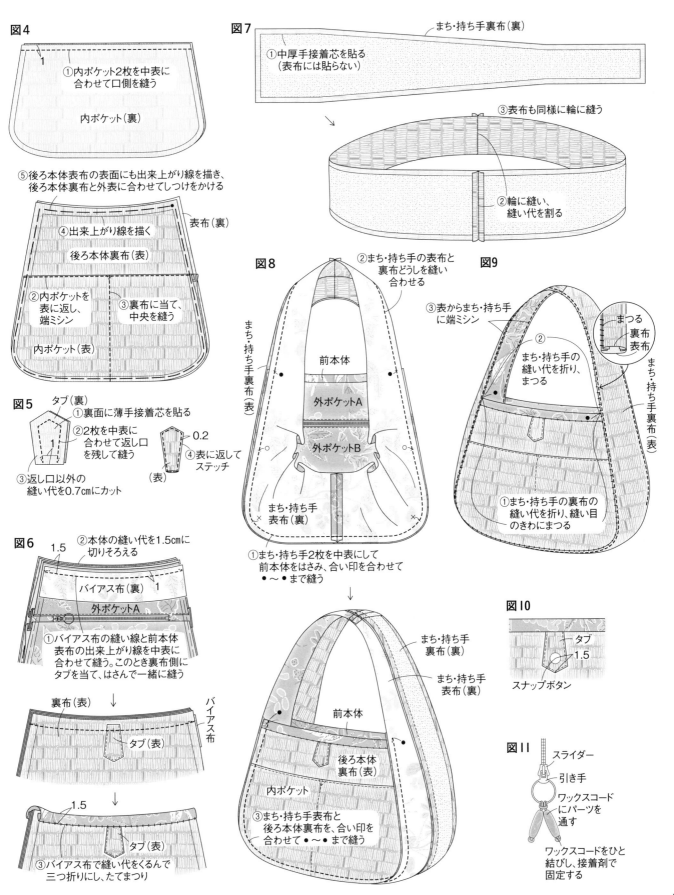

p.17

マルシェ

[出来上がり寸法]
幅41cm　丈36cm　底22×13cm

[材料]
木綿地　チャコールグレー
　　　　…110cm幅 45cm（前、後ろ本体表布）
　　　　黒…25×15cm（外底）
ネル地　プリント柄…110cm幅 60cm
　　　　（前、後ろ本体裏布・内底・内ポケット）
薄手接着芯　85×40cm（前、後ろ本体裏布）
厚手接着芯　22×13cm（外底）
厚手の芯地（片面接着）22×13cm
　　　　　　（内底）
厚手テープ　黒…3.8cm幅 190cm
　　　　　　（持ち手）

[作り方]
1　各パーツを裁ち、前・後ろ本体裏布の裏面に薄手接着芯を貼る。
2　前・後ろ本体の表布と裏布をそれぞれ外表に重ね、口側の始末をする（図1）。
3　前・後ろ本体表布にそれぞれ持ち手をつける（図2）。
4　内ポケットを作る。寸法図を参照して後ろ本体裏布に当ててしつけをかけ、後ろ本体表布の表面から持ち手の縫い目の上を縫って留める（図3）。
5　2本の持ち手中央を2つに折り、12cm縫って留める（図4）。
6　前・後ろ本体表布と、外底を縫い合わせる（図5）。
7　本体を中表に2つに折り、わきを縫う。前本体裏布の縫い代で後ろ本体側の縫い代をくるんで三つ折りにし、縫い目のきわにたてまつりでまつる。底まちを印から印まで縫う（図6）。
8　外底の縫い代は底側に倒す。内底を作り、外底に外表にして当て、まつる（図7）。

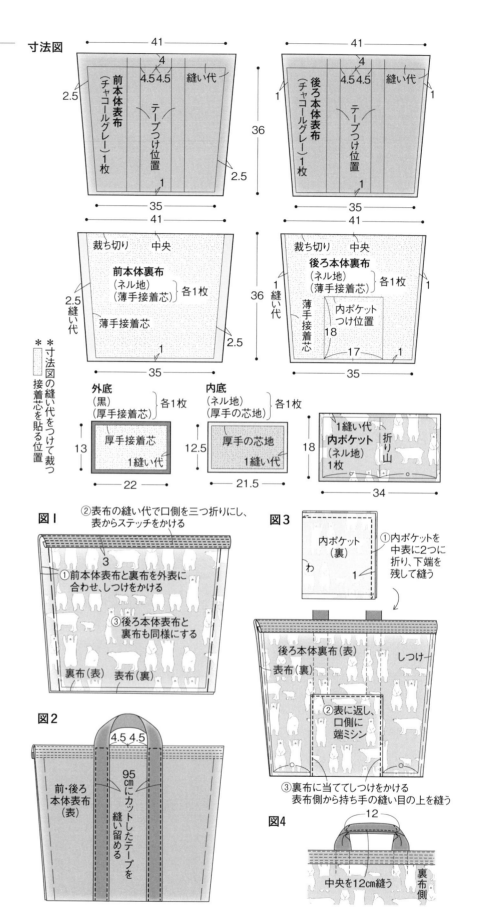

p.31 ハウス

[出来上がり寸法]

A 幅5×5×高さ7cm（屋根から床まで）
B 幅5×4×高さ9cm
C 幅4×6×高さ8cm

＊型紙　C面

[材料]

木綿地

柄布㋑…40×20cm
（前後面、側面の表布）

柄布㋺…25×22cm（屋根表布・裏布）

柄布㋩…20×20cm
（作品A、Cの床表布・雪）

柄布㋥…20×25cm
（作品A、Cの床裏布・作品Bの床表、裏布・煙突）

柄布㋭…12×12cm（窓）

柄布㋬…3×5cm（作品Cのドア）

柄布㋣…3×5cm（作品Bのドア）

柄布㋠…3×5cm（作品Aのドア）

無地…40×20cm（前後面・側面の裏布）

キルト綿　55×20cm

25番刺しゅう糸　黒・グレー…各適宜

ひも　黒・太さ0.1cm　72cm

厚紙　5×17cm（床芯）

化繊綿　適宜

[作り方]（作品Aで説明）

1 各パーツを裁ち、ドア・窓・雪は表面に出来上がり線を描き、前面・側面・屋根の表布にアップリケ図案を写す（図1）。

2 ドア・窓は出来上がりに折る。前面の表布にドア、側面の表布2枚は窓をアップリケする（図2）。

3 ドア・窓に刺しゅうをする（図3）。

4 屋根の表布に雪をまつる。裏を出し、針目から0.5cmの縫い代をつけて屋根の表布をくりぬく（図4）。

5 前後面の表布と裏布を中表に合わせ、裏布の裏面にキルト綿を重ねて返し口を残して周りをミシンで縫う。キルト綿は縫い目から0.1cm残して、周りをカットする（図5）。

6 表に返し、返し口をとじる。3層の布がずれないようにしつけをかける（図6）。屋根・側面も同様にしつけをかける。

7 キルティングをする（図7）。しつけを外す。

8 前後面と側面を図の順序で配置し、表布だけをすくってコの字とじではぎ合わせ、輪にする（図8）。

9 本体の上に屋根をのせてまつる。底側から化繊綿をふんわりと詰める（図9）。

10 床を縫う（図10）。

11 本体と床をとじ、床芯と化繊綿を詰めて仕上げる（図11）。

12 煙突を作って屋根にまつり、上側に化繊綿を接着する。屋根にひもを縫い留める（図12）。

＊B・Cも付録型紙とAの作り方を参照して作り、図13・図14のように仕上げる。

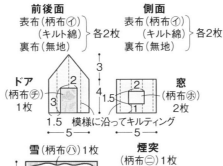

Aの寸法図　＊指定以外の縫い代は0.7cm

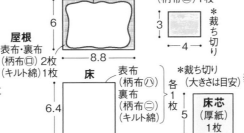

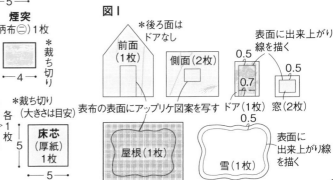

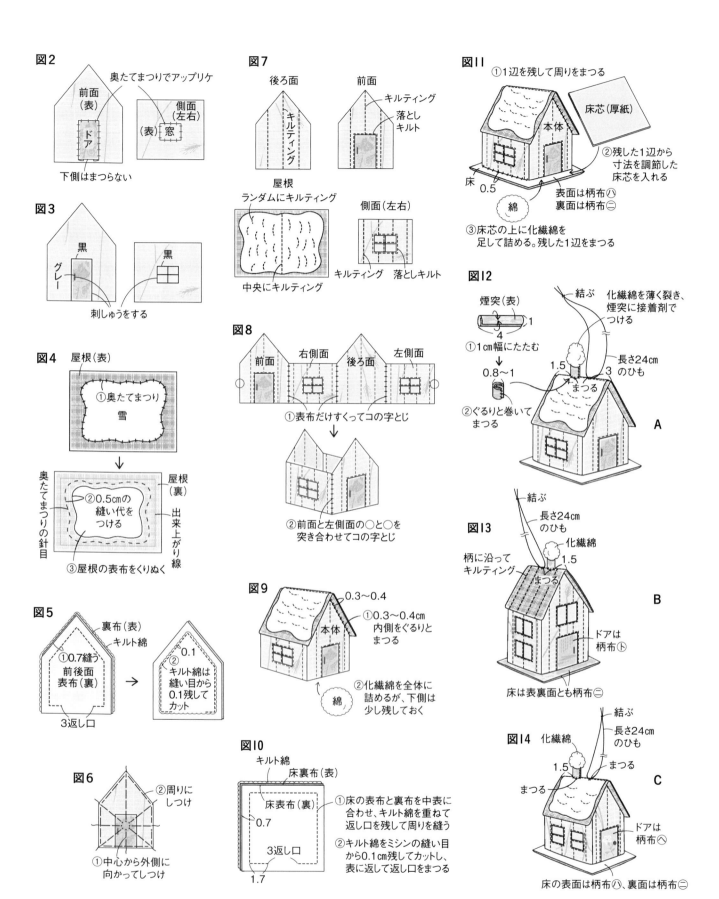

ボウタイのケース

[出来上がり寸法]

幅17cm 丈6cm まち幅4.4cm

＊型紙　C面

[材料]

木綿地

- 柄布㋑…20×8cm（本体底表布）
- 柄布㋺…15×7cm（本体後ろまち表布）
- 柄布㋩…45×25cm（本体上面内布表布・中底表布・本体後ろまち裏布・本体側面裏布）
- 柄布㋥…15×15cm（ポケットの口側のバイアス布・タブ）
- 無地…25×20cm（当て布）
- はぎれ数種…各適宜（ピースワーク）

チュール　10×8cm（ポケット）

キルト綿　45×30cm

薄手接着芯　20×15cm

両面接着シート　20×15cm

ファスナー　グレー…長さ30cm　1本

[作り方]

1. ピース⒜と⒝を縫い合わせて、正方形のパターンを10枚作る（図1）。
2. 1とピース⒞を縫い合わせて上面表布を作る。当て布・キルト綿・上面表布の3層に重ねてしつけをかけ、キルティングをする。周り以外のしつけを外す。本体底も3層に重ねてしつけをかけ、ミシンキルトをする（図2）。
3. ファスナーに印をつける。本体側面表布をピースワークをして作る。ファスナーをはさんで本体側面裏布・表布、キルト綿を縫い合わせる。表に返して端ミシンをかけ、しつけをかける。キルティングをし、周り以外のしつけを外す（図3）。
4. タブを作る（図4）。本体側面と後ろまちを縫い合わせ、筒状にする（図5）。
5. 本体側面と後ろまちに底を縫い合わせ、表布に合わせて余分なキルト綿と裏布をカットする。縫い代は底側に倒す。中底を作り、底の内側に入れ、まつる（図6）。
6. 本体上面とファスナーのもう一方を縫い合わせる。ポケットをつけた本体上面内布と本体後ろまちをまつる（図7）。

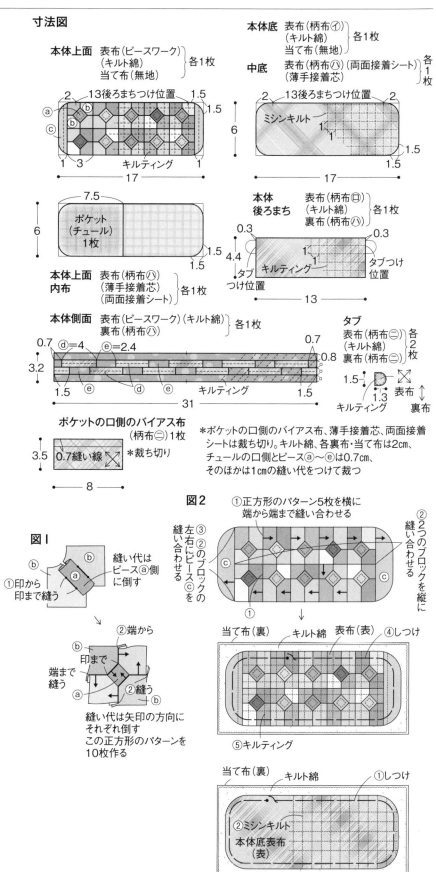

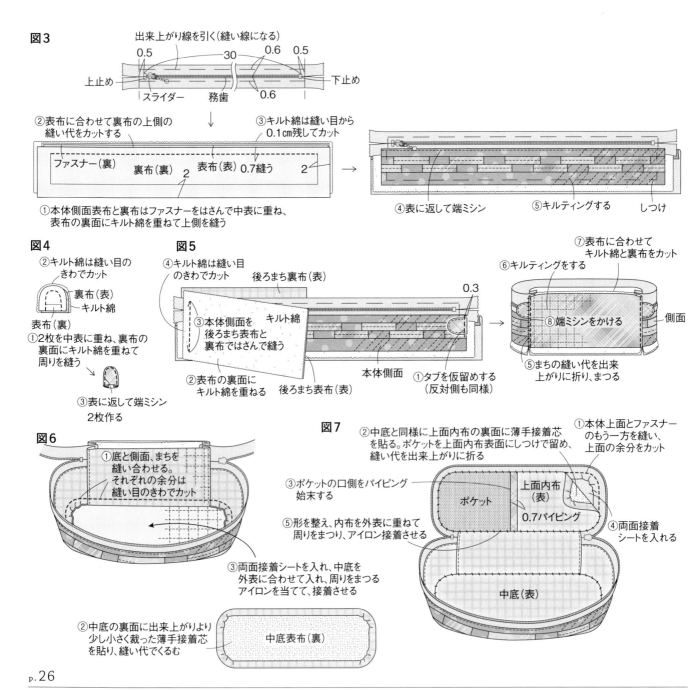

丸と十字のポーチ

[出来上がり寸法]
幅21cm 丈11.2cm 底14×7cm

＊型紙　C面

[材料]

木綿地
　柄布㋑…50×15cm（本体表布）
　柄布㋺…17×10cm（底表布）
　柄布㋩…30×50cm
　（本体裏布・まちの縫い代をくるむバイアス布・ファスナーの耳を始末する布）
　柄布㋥…3.5cm幅バイアス　23cm×2本（口側のバイアス布）
　はぎれ数種…各適宜（アップリケ布）

キルト綿　30×35cm

ファスナー　長さ20cm　1本

25番刺しゅう糸　グリーン・薄グレー…各適宜

[作り方]
1 本体表布にアップリケをする（図1）。
2 1に刺しゅうをし、底表布と縫い合わせる。3層に重ねてキルティングをする。裏布側に出来上がり線を引く（図2）。
3 口側を表布に合わせてキルト綿と裏布の余分をカットして0.7cmに切りそろえ、バイアス布でくるんで始末する。反対側の口側も同様にする（図3）。
4 裏布に出来上がり線を引き、口側にファスナーを縫い留める。わきを縫い、縫い代の始末をする（図4）。
5 底まちを縫う。最後にファスナーの耳を始末する（図5）。

＊口側のバイアス布と底まちの縫い代をくるむバイアス布、ファスナーの耳を始末する布は裁ち切り。アップリケ布は0.3cm、本体表布、底表布は0.7cmの縫い代をつけて裁つ。本体裏布・キルト綿は27×34cmに粗裁ちする

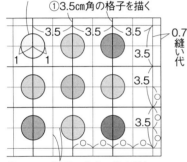

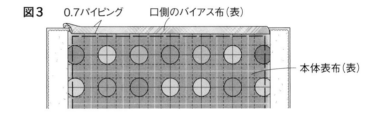

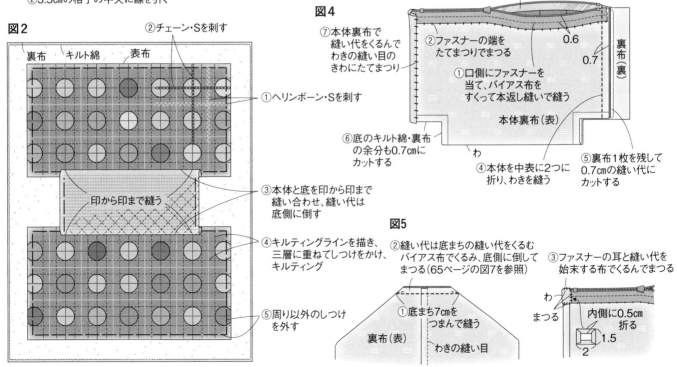

p.36

白い花のケース

[出来上がり寸法]
幅15cm 高さ12.5cm 底幅12×7cm

＊型紙　C面

[材料]

木綿地
- 柄布㋑…55×15cm（ピース⒜・ⓒ）
- 柄布㋺…30×14cm（ピース⒝・ⓓ・底表布）
- 柄布㋩…55×24cm（本体裏布・まち裏布・底裏布）
- 柄布㋥…25×15cm（持ち手）
- 柄布㋭…15×10cm（茎と葉のアップリケ）
- 柄布㋬…12×7cm（花のアップリケ）
- 柄布㋣…少々（つぼみのアップリケ）

接着キルト綿　51×13cm
接着芯　45×25cm
プラスチックボード
　厚さ0.1cm　25×30cm
25番刺しゅう糸
　ピンク・黄色・緑…各適宜

[作り方]

1 各パーツを各2組裁つ（図1）。本体表布（ピース⒜）の表面にアップリケ図案を写す（図2）。
2 茎をアップリケする（図3）。
3 花、つぼみを奥たてまつりでアップリケし、刺しゅうをする（図4）。もう1枚のピース⒜も同様にする。
4 持ち手を2枚作る（図5）。
5 ピース⒜と⒝を中表に合わせて縫う。縫い代はピース⒝側に倒す。裏面に接着キルト綿を貼る（図6）。もう1枚も同様に作る。
6 本体表布の口側に持ち手を仮留めする。本体裏布と中表に合わせ、返し口を残して周りを縫う（図7）。表に返す。
7 6の返し口から本体芯を反らせて入れる。形を整え、返し口の縫い代を重ねてしつけをかける（図8）。もう1枚も同様に作る。
8 まちの表布を作る（図9）。
9 まち裏布の裏面に接着芯を貼る。8の表布と中表に合わせ、下側を残して周りを縫う（図10）。表に返す。
10 まち表布のピースⓒにまち上芯を入れ、ファスナー押さえを使って縫い目に沿ってミシンで縫う。ピースⓓにはまち下芯を入れ、返し口はしつけをかけて留める（図11）。もう1枚も同様に作る。
11 底表布の裏面に接着キルト綿を貼る。底表布の周りに本体とまちを縫い合わせ、縫い代は底側に倒す。縫い代を持ち上げて、中に底芯を入れる（図12）。
12 底裏布を作る。底表布に外表にして重ね、周りをまつる（図13）。
13 本体・まちを起こし、コの字とじでとじ合わせる（カーブ針を使うと作業しやすい）（図14）。

寸法図

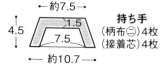

持ち手
（柄布㋥）4枚
（接着芯）4枚

本体表布
（アップリケ・ピースワーク）2枚
（接着キルト綿）2枚

＊茎のアップリケ布は1cm幅のバイアスで長さ8cmの裁ち切り、そのほかのアップリケ布は0.3cmの縫い代をつけて裁つ
＊本体・まち・底の接着芯、接着キルト綿、プラスチックボードは裁ち切り。持ち手に貼る接着芯は、本体つけ位置部分のみ0.7cmの縫い代をつけ、周りは裁ち切り。
そのほかのパーツは0.7cmの縫い代をつけて裁つ

※底芯の寸法は目安。本体・まちと縫い合わせた底の周りの寸法を測って底芯の寸法を割り出す。

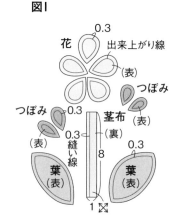

図1

図2

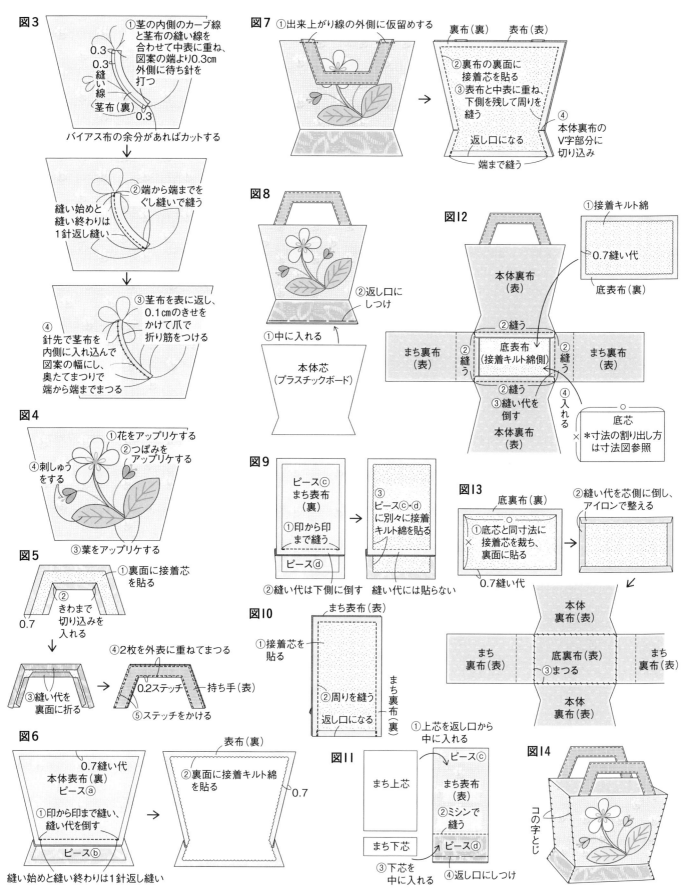

p.34

ソーイングポーチ

[出来上がり寸法]
底幅17cm 丈12.5cm まち幅各3cm

*型紙 C面

[材料]

木綿地
　プリント柄④…25×60cm
　（本体表布・マグネットボタンをくるむ布）
　プリント柄回…40×20cm（外ポケット）
　プリント柄㊁…25×20cm（ふた表布）
　プリント柄㊂…85×25cm
　（本体裏布・ふた裏布）
　プリント柄㊄…28×7cm
　（持ち手表布・裏布）
フェルト　グレー…10×16cm（針刺し）
薄手接着芯　17×22cm（ふた裏布）
麻テープ　茶色…1.5cm幅　9cm（タブ）
マグネットボタン　直径2cm　1組
ワンタッチスナップボタン
　黒…直径1.3cm　2組
面ファスナー
　ベージュ…2.5cm幅　4cm　1組

[作り方]
1 麻テープでタブを2つ作る（図1）。
2 外ポケットを2枚作る（図2）。
3 本体表布にタブを仮留めする（図3）。
4 本体裏布を中表にして重ね、口側を縫う。表に返し、口側に端ミシンをかける。外ポケットを本体表布に当て、わきと底、仕切りにしつけをかける。仕切りと底を縫う。わき以外のしつけを外す（図4）。
5 本体を裏返してたたみ、返し口を残して両わきを縫う（図5）。
6 表に返し、返し口をまつる（図6）。
7 裏布側を表にする。わき底を三角につまみ、3cmの底まちを作る。残りの3か所も同様にする。表布側に返し、形を整える（図7）。
8 ふた裏布に薄手接着芯を貼る。針刺し用のフェルトを2つに折り、ふた裏布の表面に当て、わの方を縫い留める（図8）。
9 ふた表布と裏布を中表に合わせ、返し口を残して縫う。表に返し、返し口をまつる。0.5cm内側にステッチをかける（図9）。
10 本体の外ポケット側にふた表布を中央を合わせてのせる。中央を縫う（図10）。
11 持ち手の表布と裏布を中表に合わせ、返し口を残して縫う。表に返し、ステッチをかける（図11）。
12 ふたの中央に持ち手を当て、両端は本体をはさんで内側に折り、しつけをかける。図の位置をミシンで縫い留める（図12）。
13 本体裏布の口側に直径1.7cmの円にカットした面ファスナーを当て、周りをまつる。次にふたと外ポケットにワンタッチスナップボタンをつける（図13）。
14 マグネットボタンをくるみ、本体後ろ側にまつりつける（図14）。

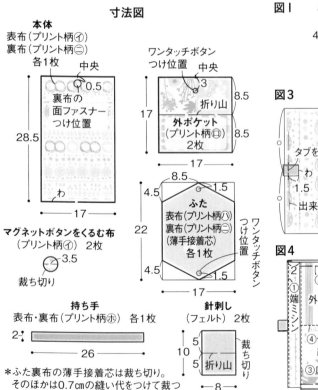

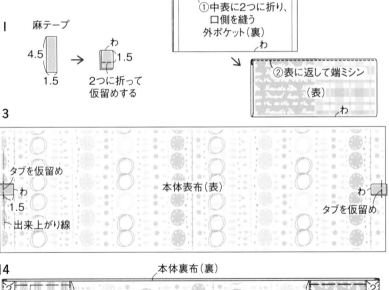

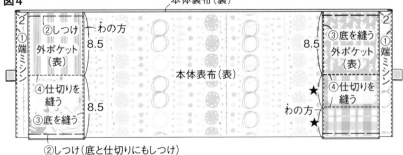

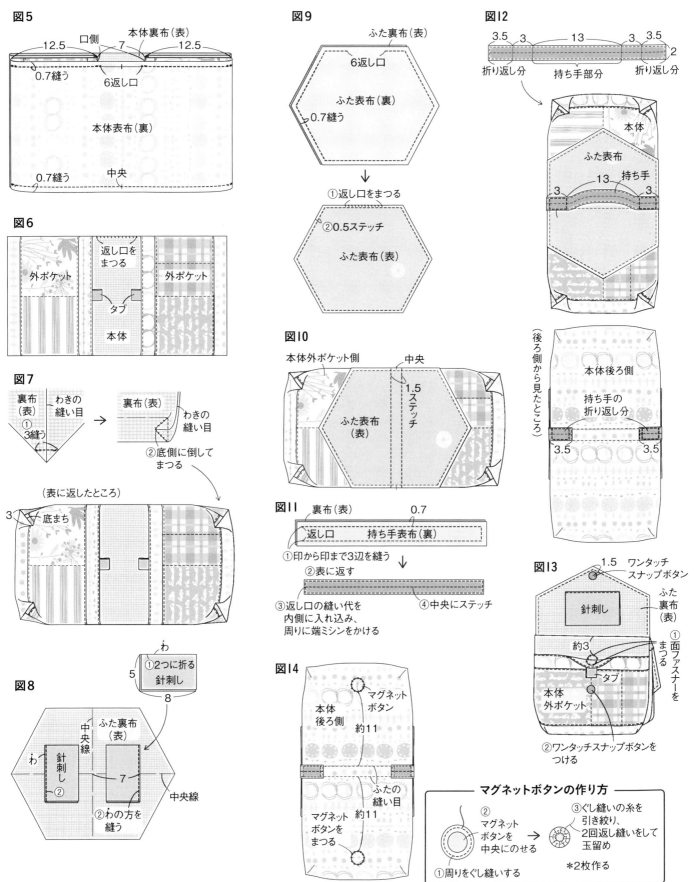

p.24

ワンショルダー

[出来上がり寸法]

幅32cm　丈25cm　底幅9cm

＊型紙　C面

[材料]

木綿地

柄布④…70×50cm（アップリケあ・後ろ本体表布・まち、持ち手表布）

柄布回…54×22cm（ピースⓐ〜ⓔ）

柄布ハ・ニ・ヘ…各適宜（ピースⓐ）

柄布ホ…35×35cm（ピースⓐ・アップリケい）

柄布ト…適宜（花のアップリケ）

柄布チ…適宜（葉のアップリケ）

柄布リ…適宜（茎のアップリケ）

柄布ヌ…110cm幅　75cm（前、後ろ本体裏布・まち、持ち手裏布・マグネットボタン布・内ポケット・縫い代をくるむバイアス布2種）

キルト綿　130cm幅　60cm

中厚手接着芯　10×130cm（まち・持ち手）、32×25cm（後ろ本体）、10×6cm（マグネットボタン布）

マグネットボタン　直径2cm　1組

[作り方]

1　各パーツを裁つ（**図1**）。

2　ピースⓑにアップリケする。茎の図案の右側の線と茎布の縫い線を中表に合わせ、余分があればカットして縫う。茎布を表に返し、茎幅に合わせて針先で縫い代を内側に入れ込みながら奥たてまつりでまつる（**図2**）。同様に、花、葉もまつる（**図3**）。残りのピースⓒ〜ⓔも同様にアップリケする。

3　ベツレヘムの星のパターンを作る。図のような菱形のブロックを全部で8枚作り、2枚ずつ縫い合わせる（**図4**）。

4　図のように縫い合わせていき、ベツレヘムの星のパターンを仕上げる（**図5**）。

5　4にピースⓑ〜ⓔを縫い合わせ、前本体表布のブロックを作る（**図6**）。

6　5にアップリケあをのせ、奥たてまつりでアップリケする。最後にアップリケいをまつる。ピースⓑ〜ⓔの縫い代をまつ

り目から0.7cmにカットする。（**図7**）。

7　寸法図を参照し、表布にキルティングラインを描く。裏布・キルト綿・表布の3層に重ねて①〜⑤の順序でしつけをかける。ラインに沿ってキルティングをし、次に落としキルトをする（**図8**）。

8　周り以外のしつけを外す。口側をバイアス布でくるんで始末する（**図9**）。

9　後ろ本体を作る（**図10**）。

10　まち・持ち手の表布と裏布はそれぞれ2枚をはぎ合わせ、裏布の裏面に接着芯を貼る。裏布・キルト綿・表布の3層に重ねてしつけをかけ、ミシンキルトを入れる。輪に縫い、縫い代はバイアス布でくるんで始末する（**図11**）。

11　前・後ろ本体と10を中表に合わせ、本体の口側まで縫う。縫い代をバイアス布で始末する（**図12**）。

12　マグネットボタン布を2枚作り、本体前・後ろ裏布に縫い留める。（**図13**）表に返す。

寸法図

図1

＊ピースⓐ〜ⓔ、まち・持ち手表布、マグネットボタン表・裏布とそのキルト綿は0.7cm、アップリケあの外回りは1cm、アップリケあの内回り、そのほかのアップリケ布は0.3cm、本体前・後ろ裏布、まち・持ち手裏布、キルト綿は3cmの縫い代をつけて裁つ。茎は4.5×1cmに裁ち切り

＊各パーツの接着芯、縫い代をくるむバイアス布は裁ち切り

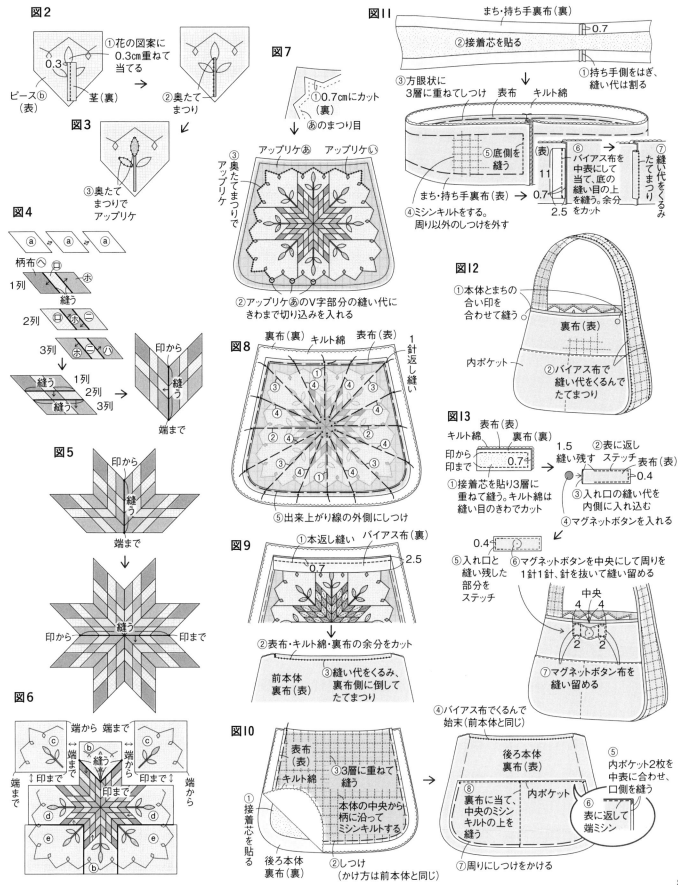

p.40

ポンチョ

[出来上がり寸法] 丈約74cm
ゲージ かのこ編み 17目×33段＝10cm角
[材料] **極細程度の毛糸** こげ茶色…170g
[用具] 7号玉付き2本棒針
そのほかに、段数マーカー
または別糸、とじ針など
＊90〜94ページで紹介した作品の編み目記号の編み方は95ページ参照。

[編み方]
糸は1本どり。
1 本体は、一般的な作り目で75目を作る(1段め)。2段め以降はかのこ編みで240段めまで増減なく編み、編み終わりは表目の伏せ目をする。同じものを2枚編み、●、◎の位置に段数マーカーや糸などで合い印をつける。
2 仕上げ方を参照し、a〜cの順に仕上げる。

[糸の実物大]

製図
＊①は1枚め、②は2枚め

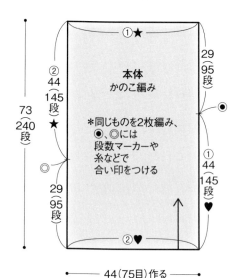

本体①、②の編み方記号図

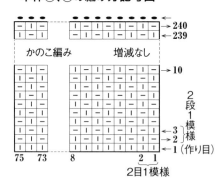

えりぐりの編み方記号図

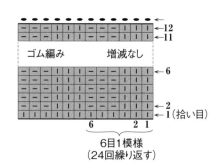

仕上げ方
＊a〜cの順に作る

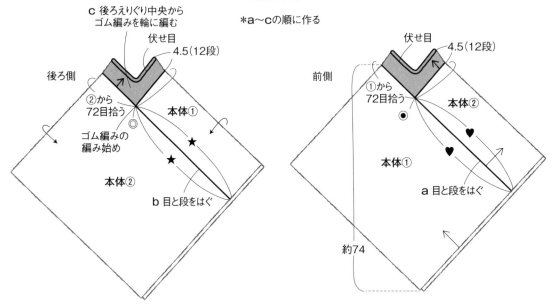

p.38

リストウォーマー

[**出来上がり寸法**] 手首回り17cm 丈20cm
ゲージ メリヤス編み 20目×27段＝10cm角
[**材料**] 合太程度の段染め糸
ブルーグレー系…35g
[**用具**] 6号玉付き2本棒針 そのほかに、
5/0号かぎ針(作り目、引き抜きはぎ用)、
別糸(作り目用)、とじ針など

[**編み方**]
糸は1本どり。糸の実物大はネックウォーマー(92ページ)を参照。

1 5/0号針で、後からほどける作り目で40目を作る。編み方記号図を参照し、6号針でメリヤス編みを編む。8段めからは95ページの引き返し編みの要領で指定の位置で引き返しをし、編み終わりは休み目にする。同じものを2枚編むが、製図と仕上げ方を参照し、1枚は糸を切らず、もう1枚は糸を切る。

2 仕上げ方を参照し、編み地の向きに注意しながら5/0号針を使い、引き抜きはぎ(93ページ上図参照)で輪にする。

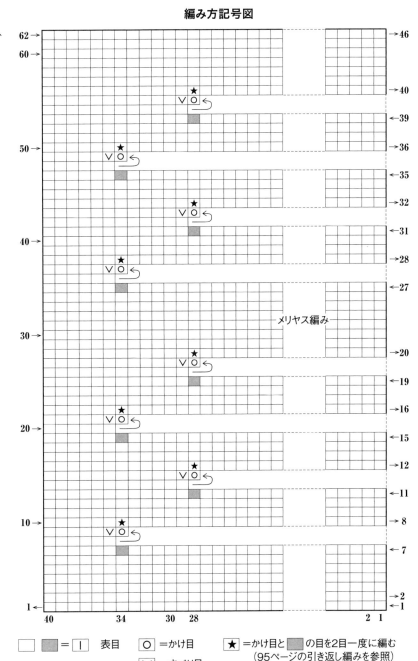

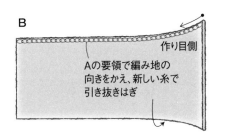

p.38

ネックウォーマー

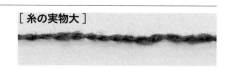
[糸の実物大]

[出来上がり寸法] 首回り47cm 丈28cm
ゲージ メリヤス編み 20目×27段＝10cm角
[材料] 合太程度の段染め糸
ブルーグレー系…60g
[用具] 6号玉付き2本棒針 そのほかに、5/0号かぎ針
（作り目、引き抜きはぎ用）、別糸（作り目用）、
とじ針など

[編み方]
糸は1本どり。
1 5/0号針で、後からほどける作り目で56目を作る。編み方記号図を参照し、6号針でメリヤス編みを編む。6段めまでは増減なく編み、7～12段めは95ページの引き返し編みの要領で、左右でそれぞれ引き返しをしながら編み進める。13～32段め（◎）を全部で7回繰り返し、153～159段めは増減なく編み、編み終わりは休み目にする。
2 仕上げ方を参照し、5/0号針を使い、引き抜きはぎで輪にする。

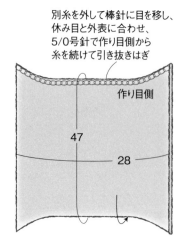

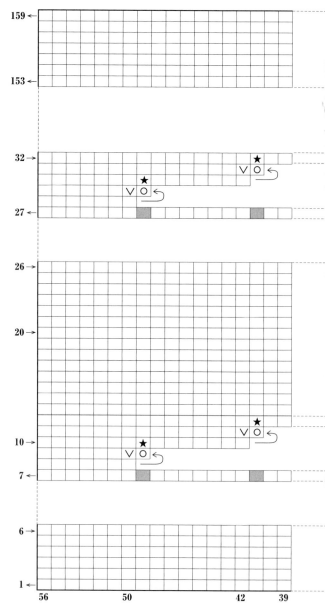

引き抜きはぎ

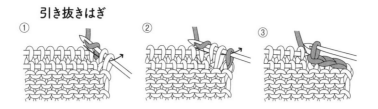

編み方記号図

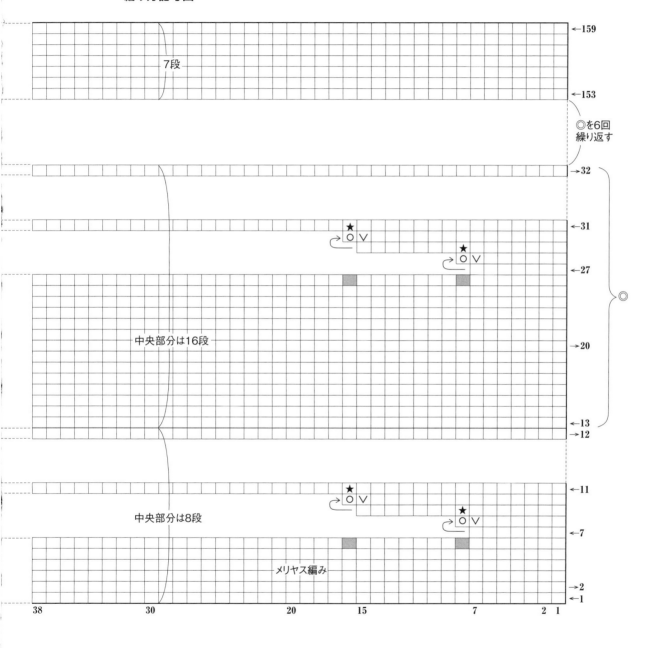

□ ▨ = | 表目　○ = かけ目　★ = かけ目と ▨ の目を2目一度に編む
V = すべり目　　　　　　　（95ページの引き返し編みを参照）

p.42

ショール

[出来上がり寸法]
(タッセルを除く) 幅97cm 丈50cm
ゲージ ガーター編み 18目×34.5段=10cm角

[糸の実物大]

[材料]
合太程度のストレート糸
グリーンとオレンジ系の段染め…100g
ビーズ グリーン(直径1.5cm、厚さ0.9cm)…3個

[用具]
7号玉付き2本棒針 そのほかに、厚紙(タッセル用)、
毛糸用とじ針、はさみ、定規など

[編み方]
糸は1本どり。
1 一般的な作り目で5目を作る。ガーター編みで3段めから
　かけ目で目を増しながら172段を編み、表目の伏せ目を
　する。
2 タッセルを作り、本体の3か所につける。

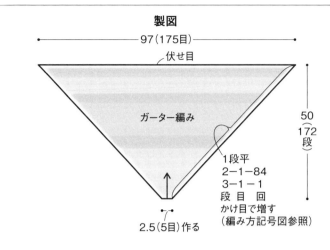

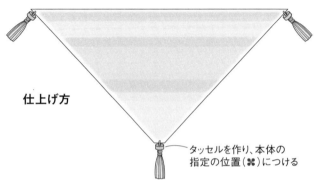

仕上げ方

タッセルを作り、本体の
指定の位置(✤)につける

編み方記号図

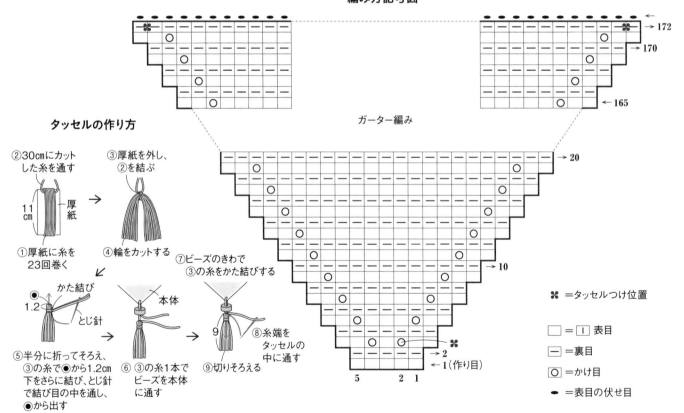

タッセルの作り方

✤ =タッセルつけ位置
☐ =［１］表目
― =裏目
○ =かけ目
● =表目の伏せ目

編み方基礎図

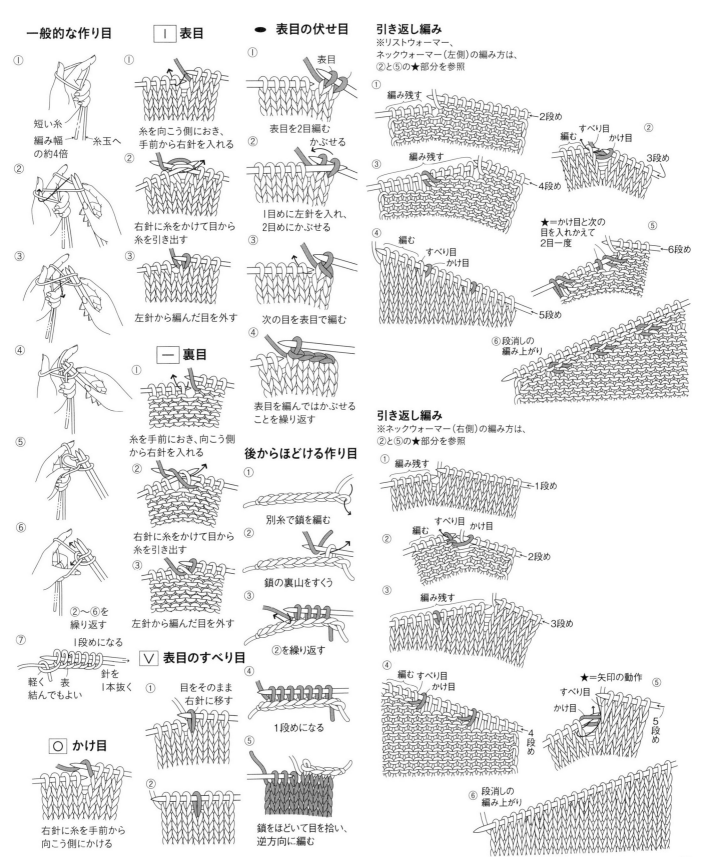

斉藤謠子 さいとう・ようこ

パッチワーク・キルト作家、布作家。洋裁、和裁を学んだ後、アメリカのアンティークキルトに興味を持ちキルトを始める。NHK「すてきにハンドメイド」をはじめ、テレビや雑誌などで作品を多数発表するほか、スクールや通信講座で講師を務め、海外でも作品展や講習会を行うなど人気が高い。著書に『斉藤謠子の いま持ちたいキルトバッグ』『斉藤謠子のハウス大好き』(ともにNHK出版)ほか多数。

斉藤謠子キルトスクール＆ショップ
キルトパーティ(株)

〒272-0034
千葉県市川市市川1-23-2　アクティブ市川2F
TEL 047-324-3277　FAX 047-325-2788
http://www.quilt.co.jp

ブックデザイン
渡部浩美

撮影
有賀 傑 (口絵)、下瀬成美 (作り方)

スタイリング
串尾広枝

モデル
横田美憧

ヘア＆メイク
高野智子、高松由佳 (p.37, 44)

作り方解説
奥田千香美、百目鬼尚子、岡野とよ子 (リトルバード)、小島恵子

作り方トレース
tinyeggs studio (大森裕美子)、たまスタヂオ、day studio (ダイラクサトミ) (p.95)

グレーディング
株式会社トワル

校正
廣瀬詠子

編集
高野千晶 (NHK出版)

斉藤謠子の
私のずっと好きなもの
洋服・布バッグ・小物

2018 (平成30) 年1月25日　第1刷発行
2018 (平成30) 年3月10日　第2刷発行

著者　　　斉藤謠子
　　　　　©2018　Yoko Saito
発行者　　森永公紀
発行所　　NHK出版
　　　　　〒150-8081
　　　　　東京都渋谷区宇田川町41-1
　　　　　TEL 0570-002-047 (編集)
　　　　　TEL 0570-000-321 (注文)
　　　　　ホームページ　http://www.nhk-book.co.jp
　　　　　振替　00110-1-49701

印刷・製本　凸版印刷

乱丁・落丁本はお取り替えいたします。
定価はカバーに表示してあります。
本書の無断複写 (コピー) は、著作権法上の例外を除き、著作権侵害となります。

Printed in Japan
ISBN 978-4-14-031210-0 C2077

製作協力
山田数子、得岡さおり

衣装協力
サラウェア　TEL 03-5731-2741
　p.2,6パンツ、p.4パンツ、p.9パンツ、p.10,15ブラウス、パンツ、
　p.22頭に巻いたマフラー、p.40,41ブラウス、
　p.42,43ハイネックプルオーバー、パンツ
ハンズ オブ クリエイション／エイチ・プロダクト・デイリーウエア
　TEL 03-6427-8867
　p.5パンツ、p.2,6,7ブラウス、p.12パンツ、p.13ブラウス、
　p.22,23ニット、サロペット、p.39 2WAYトップス
プリュス バイ ショセ　TEL 03-3716-2983
　p.2,6、p.11、p.12靴／chausser
　p.4,8、p.13靴／MUKAVA
　p.5、p.9靴／TRAVEL SHOES

撮影協力
PROPS NOW TOKYO
TITLES　TEL 03-6434-0616
AWABEES　TEL 03-5786-1600
UTUWA